大气科学论文论著
撰写、编校及常见问题

倪东鸿　李太宇　编著

气象出版社

内容简介

本书重点介绍了大气科学专著、论文撰写和审校工作的基本知识、技术要点和难点，提出了解决撰写、审校工作中一些具体问题的办法和建议。书中还介绍了撰写论著和论文的具体原则和要求，写作的经验和技巧，提供了一些常用的写作参考资料。

本书不仅可作为大气科学论著、论文写作和审校人员的参考书，也可为其他学科的科技人员和师生参考。

图书在版编目(CIP)数据

大气科学论文论著撰写、编校及常见问题/倪东鸿，李太宇编著．—北京：气象出版社，2008.8(2010.1 重印)

ISBN 978-7-5029-4530-5

Ⅰ．大…　Ⅱ．①倪…②李…　Ⅲ．①气象学-论文-写作②气象学-论文-编辑工作　Ⅳ．H152.3　G232

中国版本图书馆 CIP 数据核字(2008)第 085173 号

大气科学论文论著撰写、编校及常见问题

Daqi Kexue Lunwen Lunzhu Zhuanxie、Bianjiao ji Changjian Wenti

---

出版发行：气象出版社
地　　址：北京市海淀区中关村南大街 46 号
邮政编码：100081
网　　址：http://www.cmp.cma.gov.cn
E-mail：qxcbs@263.net
电　　话：总编室 010－68407112，发行部 010－68409198
责任编辑：隋珂珂
终　　审：王存忠
封面设计：王　伟
印 刷 者：北京中新伟业印刷有限公司
开　　本：880 mm×1230 mm　1/32
印　　张：6.5
字　　数：150 千字
版　　次：2008 年 8 月第 1 版
印　　次：2010 年 1 月第 2 次印刷
印　　数：2001～4000
定　　价：15.00 元

序

科学思想、科学文化的传播和传承离不开科学论著的撰写、编校和出版工作。大气科学论著和论文的规范撰写、编校和出版，对大气科学研究成果的准确传播起着至关重要的作用。随着大气科学研究的蓬勃发展，迫切需要一本规范性强、针对性强、参考性强的专著，以便对大气科学论著和论文的撰写、编校和出版工作中出现的问题进行指导和规范。《大气科学论著和论文的撰写、编校及常见问题》一书的出版，恰当其时地适应了这一形势的需求。

本书作者长期工作在期刊和图书出版工作的第一线，具有比较丰富的编辑、审校及出版的经历和经验。他们在书中重点介绍了大气科学专著、论文的撰写、编校和出版工作的基本知识，并对在工作中遇到的具体问题提出了解决的办法。书中翔实可靠的资料，为读者们介绍了具有一定指导性的写作经验和技巧，为编辑、校对工作者提供了有用的参考资料。本书作为大气科学论文、论著撰写及编辑校对人员的工具书，不仅可以帮助作者和编校者了解撰写论著和论文的具体原则和要求，提高大气科学论著和论文撰写和编校的效率，而且可在一定程度上帮助解决初撰者对写作比较陌生的问题，对于书刊作者和编校者加深彼此了解、减少中间环节也大有裨益。

可以相信，此书的出版可以促进大气科学图书和期刊出版工作的规范化，促进大气科学论著的撰写、编校和出版工作。

黄荣辉*

2008年7月

---

* 黄荣辉，中国科学院院士，中国科学院大气物理研究所研究员

前　言

随着我国科技实力的整体提高，各个学科之间的国内外交流日益密切。开展学术交流的主要手段——科学论著和学术论文的写作规范化也提到了重要日程。为此，国家有关部门发布了一系列的规范和标准，使得科学论著和学术论文的写作有了相对统一的参考标准。尽管如此，由于上述规范、标准宣传和普及方面的问题，加之各位作者和编校人员的理解不同，在执行这些规范和标准的过程中，难免会出现各种各样的问题和争议。

为了解决上述问题，便于作（译）者、编辑、校对人员查阅和参考，我们编写了本书。书中首先阐述了学术著作和期刊论文的结构及要求，为读者勾画出了学术著作和期刊论文总体的轮廓；接着，就大气科学论著的技术要点和难点展开叙述，阐明了有关参考文献、量和单位、插图制作、表格栏目设计、时间表达方法、作者的中英文单位以及科学基金项目规范著录等问题；此外，对与大气科学有关的英文缩略词、英文词缀，以及论文摘要的规范撰写进行了详细分析，并列举了不能正确表述量和单位、插图和表格以及文字和标点符号的常见例子，指出了编辑和校对时应注意的具体事项;再之,阐明了学术著作(图书)和期刊论文在传播科技成果中的作用和优势,鼓励精品图书和期刊的出版。本书还就作者和出版者的分工和合作、汇集期刊文章成书的版权问题以及数字的用法难点和应对策略、我国大气科学期刊的总体情况,进行了介绍和分析。本书最后给出的附表包括大气科学类西文期刊刊名的缩写、十类常见文后参考文献的著录格式及示例、常用的编审校符号、中国图书馆分类法以及美国各州的名称和首府,希望能对读者有所借鉴和帮助。

本书第2,3,4,5,10,11章、附表1,2由倪东鸿撰写和提供,第1,6,7,8,9章、附表3,4,5,6由李太宇撰写和提供。

在编写过程中,我们参考了国家的相关标准和同行们的其他著作,如在本书第1章,参考了气象出版社《著译编审校指南》的部分内容,在此致以诚挚的谢意。

本书在写作过程中,得到了周诗健编审,王存忠编审和俞卫平编审的帮助和指导。黄荣辉院士在百忙之中为本书作序,在此致以深切的谢意。

囿于我们的工作环境,书中的内容和范例大多与大气科学有关。但科学是相通的,本书内容对其他领域的读者也会有一定参考价值。限于作者水平,书中观点有不当之处,敬请读者批评指正。

编著者

2008年5月

目　　录

1 论著和论文的结构和要求

论著是图书的一种。科学著作、教材、论文集等统称为图书。图书的定义说法不一。随着人类社会的进步、科学技术的发展，图书定义的内涵和外延也在不断扩大。

在我国古籍中最早出现的“图书”一词，是在春秋晚期的《易·系辞》上。现代图书的定义，由于各方面的理解和需要不同，也不一致。

人们一般把论著（图书）的定义概括为：以传播思想和知识为目的，用文字、图画或其他符号记录于一定形式的材料之上的作品，称为论著（图书）。

从宋代四大发明之一——印刷术出现至今，我国的文字记载一直以纸质图书为主。

近年来，随着信息技术的发展，图书的形式已经发展到了缩微书、电子书。而在纸制图书之前，我国图书还经历了甲骨书、青铜书、石头书、竹书、帛书等各个发展阶段，图书的发展演变已有4000年左右的历史。

学术论文是某一学术课题在实验、理论或观测上具有新的科学研究成果或创新见解和知识的科学记录；或是某种已知原理应用于实际中取得新进展的科学总结，用以提供学术会议上宣读、交流或讨论；或在学术刊物上发表；或作其他用途的书面文件。学术论文应提供新的科技信息，其内容应有所发现、有所发明、有所创造、有所前进，而不是重复、模仿、抄袭前人的工作。

1.1　论著的结构

论著一般由封面(封一—封四)、扉页(内封)、版权页、内容简介(提要)、前言、正文和后记等部分组成。

1.1.1　封面和扉页

封面是指一本图书(期刊)的表面，分别由封一、封二、封三、封四和书脊组成。书的正面为封一，其内侧为封二。依次类推，书的背面内侧为封三，封底则为封四。书脊则是指封一和封四的中间部分。扉页又称内封，是指封面或环衬页后的一页。

封面上的文字一般有书名(包括丛书名或副题)、版别(指修订本、节本等)、册次(卷或分册序号)、著者(以及译校者)、出版单位等项。扉页上所载文字与封面类似，内容可比封面更详尽些。

翻译稿的封面，原作者姓名前应加注国籍，如[英]、[美]、[日]、[俄]等。

封面和版权页一般由出版者负责设计制作，作者可以提出设计要求。

1.1.2 版权页

版权页包括书名和书名的汉语拼音、著者(编者)姓名、出版者、发行者和印刷者的名称及地址;开本、印张和字数;出版年月、版次、印次和印数;定价等。

版权页一般在扉页的背面,或者全书正文后面的空白页反面。其文字一般位于版权页下方。版权页上的文字中,书名的字号一般较大,其余文字分类排列。

版权页一般由出版者填写。

1.1.3 内容简介(提要)

内容简介(提要)是出版社对本书内容所作的简要介绍。其目的是使读者在较短时间内对全书有基本的了解,以便查阅或决定购买与否。

内容简介一般印在扉页背面的版权页上方,说明全书的主要内容和写作特点以及该书的读者对象。

内容简介一般由作者提供,也可由责任编辑撰写。

1.1.4 图书在版编目

图书在版编目是英文 cataloguing in publication 的汉译,常缩写为 CIP,是指依据一定的标准,在出版过程中为图书编制的书目数据。经图书在版编目产生,并印刷在图书主书名页背面的书目数据称为在版编目数据(CIP data)。

图书在版编目数据反映了图书的主要信息。在版编目数据包括书名、作者及著作方式、出版单位、出版时间、附注、图书分类以及中国版本图书馆 CIP 数据核字等项目。

图书在版编目数据在图书管理和销售过程中起着非常重要的作用。新闻出版总署信息中心在制作 CIP 数据的同时,建立了全国的图书印前书目数据库。该数据库对于强化出版业的标准化、规范化,提高行业的信息管理水平,对于政府职能部门强化图书市场管理,打击非法出版活动,对于出版单位了解业内信息,制订或调整选题计划,避免或减少出版资源的浪费起着重要的参考作用。

此外,CIP 在批发商、零售商和图书馆等物流、销售和馆藏领域有着广泛应用。现在,国内出版社已将申报 CIP 数据纳入图书出版的工作流程当中,并通过校对、质检等环节加以审核。CIP 数据不准、不全,将直接影响到统计部门和行业主管部门对全国图书出版情况进行准确的判断和科学的分析,无法向业内同行和社会用户提供可供书目数据,影响对国内图书市场上的盗版和伪书实施更加有效的监管。

图书在版编目(CIP)数据排在版权页上的内容简介(提要)下方,由出版者向 CIP 数据中心申请获得。

1.1.5 前言

前言和后记是作者(译者)向读者说明本书情况的文字。前言在正文之前(一般在目录之前),后记在正文之后。

前言的具体表现形式有:

(1)序言或序、前言、引言、代序、编者的话，翻译稿的原序(作者序)、译序(译者序)，修订稿的原版序(初版序)、修订版序(再版序、二版序等)；

(2)凡例或例言、体例说明等；

(3)出版说明、再版说明、重订说明等。

序言也称为序，用来说明作者的创作意图和写作经过。由他人代写的序，常用于介绍和评论本书内容。常见的有作者序、请他人写的序言和译者序。

作者序是由作者本人撰写的序言，说明编写该书的意图和意义、主要内容、全书重点及特点、读者对象、有关编写过程及情况、编排及体例、适用范围、对读者阅读的建议、再版书的修订情况说明和介绍协助编写的人员及致谢等。其标题一般用“序言”或“序”。当书中有请他人写的序时，作者自己写的序可用“前言”、“自序”或“作者序”等以示区别。翻译书的原作者专为中译本撰写的序言，标题用“中译本序”。作者序一般排在目录之前。

非作者序言是由作者邀请知名专家或组织编写本书的单位或单位领导所写，内容一般为推荐作品，对作品进行实事求是的评价，介绍作者或书中内容涉及的人物和事情。其标题用“序”或“序言”，文后署撰写人姓名。非作者序一般都排在目录及作者前言之前，如果是为丛书写的序，也排在丛书序之前。

译者序一般着重说明翻译意图，有的也包括翻译过程中的某些事务性说明，一般以“译者序”为标题，内容比较简单的也可以“译者前言”或“译者的话”为标题，一般排在目录之前。译者可写译者序或译者的话，也可请人写序，称为中译本序。译者序一般根据正文内容，联系实际情况，对译文作必要的分析和评价，用以指导读者阅读。译者序一般列在原序之前。

对于修订、再版的书稿，修订版序主要说明该书初版以来的情况，新版所作的重大修改及修改的原因，以帮助读者了解新旧版的主要差别和重大改进或增补之处。修订版序一般与初版序同时刊出，修订版序放在初版序之前。若修订版序中已对初版请况作了说明，则可以不附初版序。

凡例主要说明编排的程序和形式，内容选择标准、查阅的方法，以及对符号、注释、缩略语和有关插图、表格、附录的说明等。凡例一般用于工具书、辞书等。

出版说明是从出版者的角度向读者交代一些有关问题，诸如出版意图、取材原则等。

1.1.6 后记

后记是写在图书或文章之后的文字。多用以说明写作经过或评价内容等。后记实际上也可看作是列在书后的“序”，但与序又有所不同。其区别在于，后记在内容方面往往不如序说得全面，或是仅序还言犹未尽，想再说一些，其篇幅也较序或前言为少。

后记的写作和表现形式有：

后记、跋、代跋、结束语、再版后记。编后记、后记主要是交代有关该书的编写、出版过程和补充个别内容，阐述结论性意见，作者谈认识、体会和感想，以及有关科技方面的问题探讨、回顾与展望等。

跋是写在书稿后面的评价、鉴定、考释之类的短文。

编后记是从出版者的角度，为向读者叙述有关该书的某些意见或说明某个问题而写的。它可以涉及书籍的思想内容，也可以论述有关出版事项或一些技术性方面的问题。

1.1.7 需要注意的三个问题

(1)封面、图书在版编目(CIP)数据中的作者名(或第一作者名)两者必须一致(CIP 数据置于内容简介之下，版权内容之上)。封面署名一般不超过 3 人，超过 3 人时，可用“等”概括，而在扉页上写全。

(2)在书的前言、后记中，对于书的内容的评价要实事求是，对于学术问题，可以“百家争鸣，百花齐放”；对有问题或争议之处应予以说明。

(3)出现在封面、版权页或目录、前言等位置上的差错，往往属于重大差错，有时只因一字之差不得不重新印刷。

因此，在图书正式付印之前，作者、编辑、校对和印制人员应仔细反复审核图书封面、扉页、版权页、图书在版编目(CIP)数据，避免造成重大损失。

1.2 期刊学术论文的结构

GB 7713—87《科学技术报告、学位论文和学术论文的编写格式》对科技论文的定义、形式构成和题录著录，以及撰写、编辑、印刷和出版等都作了明确的规定[1]。

题名：题名是能反映论文中特定内容的恰当、简明的词语的逻辑组合[1]。特定内容：要准确无误地表达论文的中心内容。恰当用词：恰如其分，避免用不得体的华丽词藻。词语简明：避免“烦琐冗长”、切忌用复杂的主、谓、宾完整的语句逐点描述论文的内容。一般不宜超过20个汉字。

作者署名：论文的作者应在发表的作品上署名。署名可以是个人作者、合作作者或团体作者[1]。

标题：文中各段落的标题应是简洁的、描述的。切勿在标题中出现论文中没有涉及的内容[2]。

摘要（报道性摘要）：是一篇300字左右的、完整的、独立的小短文，以提供论文内容梗概为目的，不加评论和补充解释，简明确切地描述论文主要内容，着重反映创新点和作者特别强调的观点。摘要应有独立性和自含性，即不阅读论文全文，就能获得必要的信息，包括目的、方法、结果和结论。一般不用数学公式、不出现图表、不出现参考文献。

英文摘要：多用第三人称，时态的运用则视情况而定，常用的是一般现在时（介绍不受时间影响的普遍事实），现在完成时（如某种研究动向的概述）和一般过去时（如叙述已发生的天气现象，已进行的观测或实验等）。编者、审者、读者首先是阅读摘要，所以摘要是论文的“第一眼”、“形象工程”、“面子”。写好摘要，意义重大。

关键词：关键词是科技论文的文献检索标识，是表达文献主题概念的自然语言词汇。科技论文的关键词是从其题名、层次标题和正文中选出来的，能反映论文主题概念的词或词组[1]，切忌全部由论文题目选取关键词。

分类号：分类号通常是指《中国图书馆资料分类法》或《中国图书馆图书分类法》的分类表中的分类号[1]。

前言(引言)：是论文的开场白，应开门见山、不绕圈子、言简意赅、突出重点、尊重科学、实事求是。引言是全文中比较难写的一部分，相当于小"综述"，即在提出自己的观点前，必须先整理归纳并评述他人对该问题已有的研究成果，涉及研究背景、目的、意义及其与已经发表的研究成果的联系。引言应有足够的参考文献量，应尽可能引用近5年来与研究密切相关的国内外学术期刊的重要论文(包括重要的国际、国内学术会议论文)。另外，引用他人的观点时必须注明出处。

正文：包括研究对象、研究方法、结果和讨论几部分。试验与观测、数据处理与分析、试验研究结果的得出是正文的主要部分，应予以详细论述；要尊重事实，在资料的取舍上不应掺入主观成分。论证时应文字精准、逻辑性强、详略恰当、图表适当，应避免"大杂烩"、"浅尝辄止"、"详略不当"或者"拼凑成文"。

结论：是文章的最后总结，其内容应当完整、准确、精练，且必须是经过"正文"论证的观点。没有经过论证的观点在结论中不应该出现，有的作者做了许多研究工作，重组成文时会误在结论中加入"没有经过本文论证的观点"。

讨论：应是由结论推广而来的，其段落通常位于结论之后。切记：这部分内容不能变成文献综述[2]。

致谢：致谢的文字要精练，致谢的对象要明确。资料获取、图表制作、文字录入、程序计算等都可作为致谢的对象,与署名作者是有差别的。

参考文献:参考文献是指“文后参考文献”。其概念是,为撰写或编辑论著而引用的有关图书资料[1]。

附录:附录是论文的附件,不是论文必要的组成部分。它在不增加正文部分的篇幅和不影响论文主体内容叙述连贯性的前提下,向读者提供论文中部分内容的详尽推导、演算、证明或解释和说明,以及不宜列入正文的有关数据、图、表、照片或其他辅助性材料[1]。

1.3 论著和期刊的版式

图书和期刊的版式是指对其版面的编排。图书和期刊开本确定之后,就要对书稿的结构、层次、插图等方面作合理的处理。

版式设计的主要内容有:

选择开本大小;

外观、封面、护封、书脊、勒口等的设计;

编排设计字体、字号、字间距、行距、分栏、标题、正文、注释、书眉和页码;设计扉页、环衬、版权页等;

插图的绘制;

选择印刷工艺;

纸张以及其他材料的选择。

好的版式设计可以方便读者阅读和理解本书内容,还能起到美观悦目的效果。

1.4　论著目录和正文中各级标题的编排

标题是标明图书中某部分内容的简短文字。标题要编排恰当，能体现全书的内容和结构，给人以层次分明、结构严谨之感。

一部书稿的标题往往由多级标题组成，如一级标题、二级标题、三级标题、四级标题、五级标题等。一般而言，可设篇、章、节、条、款等层次[3]。

书稿的标题编排方法有多种：按方式分，可分为数字进位式编号系统和篇章节式的传统编号系统，还有介于上述二者之间的综合式编号系统。按标准分，有国际标准（属于数字进位式编号系统）和国家标准（属于综合式编号系统）[4]。

1.4.1　几种常见的标题编排

（1）用国际标准编排的标题序号统一用阿拉伯数字表示（数字进位式编号系统）如下。正文中如果有绪论等形式的内容，其标题则用“0”作为序号。

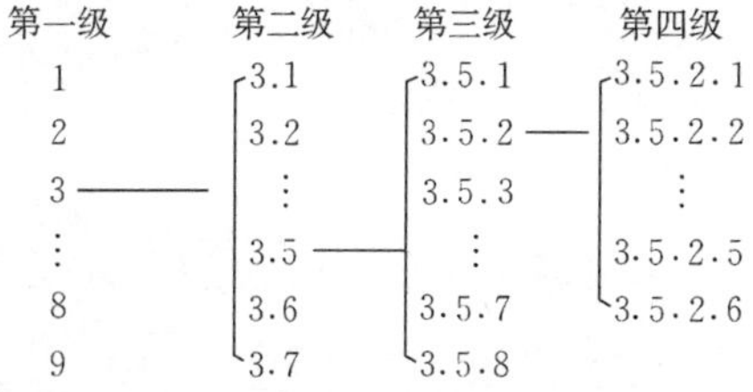

（2）用国家标准编排的标题（综合式编号系统）（GB 1.1－87附录 A）如下：

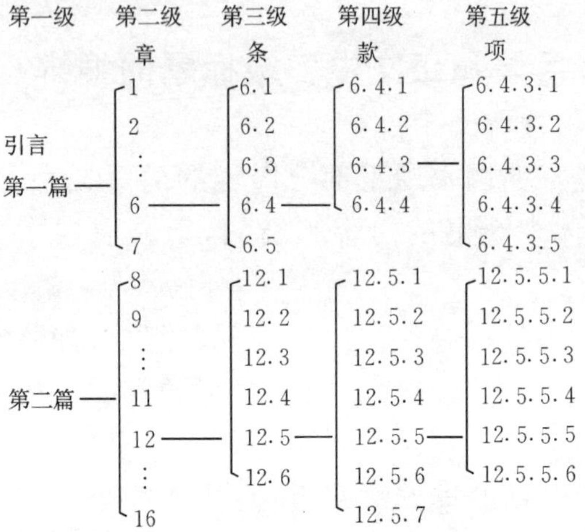

其中，对科技图书，“篇”亦常用“编”；引言可有可无。如果不设篇，则去掉篇（或编）的编号即可。

（3）常见的编排法如下：

①传统编号系统

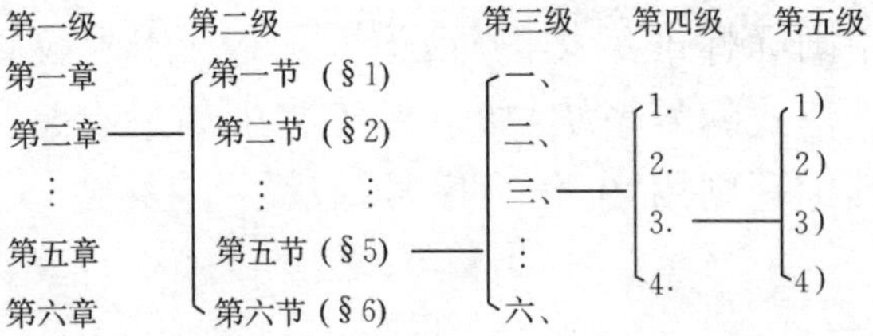

②综合编号系统

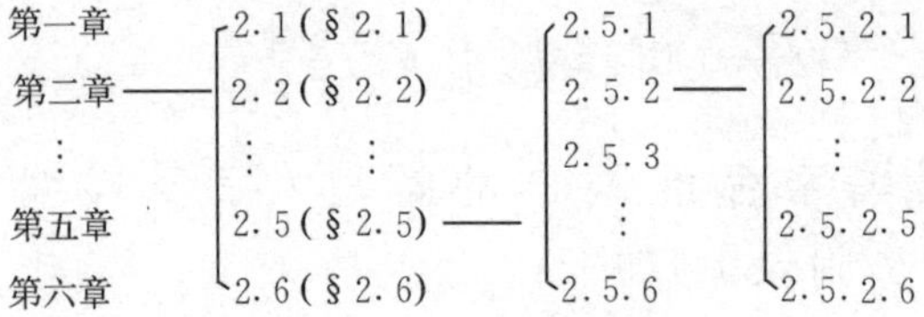

标题按位置可分为：

居中标题，大多用于一、二级标题，即章、节标题；

边题，大多用于三、四级标题。有顶格排和空两格排两种；

插题，即段首标题。

上述数字进位式编号系统和综合式编号系统，可使读者知道书中的某一标题和章节在全书的具体位置，因而被大多数作者和编辑所青睐。

1.4.2 目录的编排

目录排在正文之前，版权页和前言之后。

目录列有正文中的各级标题，按章节次序或类别加以排列，以便于读者检索正文和了解全书内容纲要。目录的内容有序言、绪论、章号章题、节号节题、参考文献、附录、索引等。

目录中的各级标题一般列到二到三级标题即可。有的书籍总目录为简单的章目，后面分章列出详细目录。论文集的目录，还需列出每篇文章的作者名（一般不超过三人，多于三人时，其后用"等"表示）。

1.4.3 标题设置的常见误区

目录中标题设置是越细越好还是越简单越好？时常见到有的作者不厌其烦地把四级，甚至五级标题都列入目录中。而有的作者在上百万字巨著的目录中，只列了区区几行字的一级标题，显得很不协调。

实际上，标题列得太细，会使人感觉烦琐，细阅则令人心烦。反之，标题列得简单，则显得过于单薄，不严肃，读之无物。标题的设置，应根据书稿的内容和篇幅的大小来定。因此，目录中标题的设置需要繁简有度。

此外，许多“低级”却对书刊合格率影响很大的错误往往和目录、封面、内封、版权页、前言有关。如，经常在审校稿件时发现目录所列的标题和序号与正文不一致，正文或标题中的序号重复出现，等等。

上述问题，有的属于考虑问题的方法问题，有的则是属于责任心的问题，需要作者和编校者密切注意。

1.5　论著和论文的文字要求

对科学论著和论文的文字要求是准确和清晰。

准确，就是写的内容正确并使人易于理解。清晰，就是要叙述清楚，读者易读易懂。对科普图书中的文字，除要求准确外，还要求通俗、生动。通俗，就是要用易懂的语言讲解科技知识。生动，就是要用能使读者感兴趣的内容吸引读者，并给读者留下深刻的印象。又如，译著中的文字，要求“信、达、雅”。“信”，是指正确地表达原著的内容；“达”，是指要使用正确、通顺的译文语言；“雅”，是指熟练地运用译文语言，充分表达原著的风格。三者应是统一的整体。也就是说，译文意思要与原文一致，用词要确切，文字要符合汉语规范。

1.6 出版论著和论文的必备条件

好书需要有好的作者和编校人员。一部书稿是否值得出版，是否为一部好书，首先取决于作者的学术水平高低，反映的内容是否是当前该领域的最新科研成果，也就是通常所说的是否有所创新。但是，只有一方的努力是不行的，还需要有好的编校人员。

编校人员要有一定的政治水平和较宽的专业知识面，具备一定的判别能力，否则，难以发现书中的问题。在具体的编校工作中，编校者要善于运用工具书和参考资料，对疑难问题认真核查，确保书刊内容的准确性；对稿件要通盘考虑其整体的结构和设计，避免其内容前后重复，图表、公式编排矛盾，计量单位、参考文献等写法前后不一致等错误。

在编辑和出版过程中，作者和编辑应密切合作，及时沟通，相互尊重，共同解决发现的问题和矛盾。因此，学术著作和论文的成功出版，需要作者和编校人员的共同努力。

要出版合格的科技出版物，一般说来，在编写和编校工作中，应重点注意以下问题：

(1)图书或文章的内容是否符合党和国家的方针政策及有关部门的法规；是否涉及国家的领土主权问题，如我国的香港、澳门、台湾地区及南海诸岛的写法，未定国界线的画法，某些新独立国家的名称和领土的写法；是否涉及保密问题。要严防属于国家机密的科技成果和某些自然资源调查结果的外泄。

(2)论著或论文介绍的理论、概念、定义和论证等是否清楚、正确;图表、数据、公式、符号、计量单位、名词术语和参考文献等写得是否准确、一致。

(3)图书中章、节、标题及其序号的编排是否正确与连续;要避免标点符号使用不当、文句晦涩、层次不清以及使用错别字、非规范简化字等情况。

参考文献

[1] 陈浩元.科技书刊标准化18讲[M].北京:北京师范大学出版社,2000.

[2] 林昌东(编译).国际著名期刊主编Ferguson教授谈如何向国际学术期刊投稿[J].中国科技期刊研究,2003,**14**(4):457-458.

[3] 新闻出版总署科技发展司等.作者编辑常用标准及规范[G].第2版.北京:中国标准出版社,2007.

[4] 中国编辑学会图书编辑学专业委员会.科技图书编辑手册[M].北京:中国铁道出版社,2004.

2 论著和论文中具体项目的写法

在科学论著中，凡是引用已发表论文中的观点、数据或材料等，都要在论著中标明其出处，即注明参考文献，并且在文末按引用先后列出参考文献表，这项工作就称为参考文献的著录。参考文献是学术论著不可缺少的重要部分。著录参考文献可以反映论著作者的科学态度和论著具有真实、广泛的科学依据，也反映出论著的起点和深度；能方便地把论著作者的成果与前人的成果区别开来；有助于科技情报人员进行情报和文献计量学研究；能起到索引作用；有利于节省论著篇幅[1]。同时，标注引用的参考文献，也是对他人科研成果的尊重，避免抄袭、剽窃之嫌。因此，参考文献著录对论著的整体质量有着重要的意义，论著作者应对此充分重视。

2.1 参考文献的著录规则和常见问题

为了进一步使参考文献的引用与国际接轨，方便读者查阅和使用，2005 年 3 月 23 日中国国家标准化管理委员会等单位发布了新的 GB/77 T 7714—2005《文后参考文献著录规则》(以下简称《规则》)的国家标准。该《规则》规定了各个学科，各种类型出版物的文后参考文献的著录项目，著录顺序，著录用的符号，各个著录项目的著录方法以及参考文献在文中标准法。该《规则》在著录项目的设置，著录格式的确定，参考文献的著录以及参考文献表的组织方面尽可能做到了与国际标准保持一致，以达到共享信息资源的目的。但几年来的实践表明，在参考文献的著录方面，仍然存在着许多问题，具体表现在：

(1)没有引入重要的参考文献。有的论著经专家审阅后，被指出没有引用相应的重要文献。有的审者把主要文献罗列出来，还指出作者的治学态度不够严谨，并希望作者能将自己的研究成果和他人的研究成果区别开来，以明确论文的实际研究成果。这说明引入恰当的、重要的参考文献，不仅表明了论文作者对他人劳动和知识产权的尊重，更重要的是，反映了作者严谨的治学态度，向读者阐明了自己的研究成果。

(2)著录的参考文献过于陈旧。有的作者撰写的论文全部引用一二十年前发表的参考文献，显然过于陈旧了些(不包括恰当地部分引用一些较早的经典文献)。因为科学论文质量高低的最重要标志之一，是信息量的大和新。过于陈旧的信息，不仅不能改变读者原有的知识结构，也反映出作者论文原始基础的陈旧，难以体现论文学术质量的“突破、创新和超前意识”。

(3)著录没有亲自阅读过的文献。在编辑工作中，我们经常发现有些作者将阅读过的文献中的参考文献直接引为自己论文的参考文献，这种做法是不妥当的。因为按照规定，被著录的文献必须是作者亲自阅读过的、最主要的[2]。间接引用的文献并不能直接反映与作者研究工作的关系，没有多大参考价值。

(4)著录未公开发表的文献。有的作者在论文中引用一些作者本人或其他人未经公开发表的研究成果，显得不够严谨。如果一定要引用未经公开发表的论文，只能将它们作为页末的脚注来处理。

(5)著录的文献均是作者本人已发表的论文。作者著录的参考文献全部是本人已发表的论文的现象是极其个别的。作者对某个科学问题进行了长时间的研究，并取得了一系列的研究成果，出于科学工作的连续性，引用自己已发表的论文本无可厚非，但如果更多地了解当前学科的发展动态，恰当地借鉴他人的研究成果，哪怕与他人的成果作些比较，就更能说明作者的科学态度，更能提高作者的论文质量。

(6)著录文献的格式不规范或信息错误。1)信息齐全，格式不规范。这里所指的信息是指参考文献应被著录的各个要素的总和。例如，期刊作为参考文献时，它的各项要素的标准格式即为：作者. 题名. 刊名，年份，卷号(期号)：页码。有些参考文献的各要素都具备，但前后顺序却不合规范。2)信息量不够。许多参考文献往往会遗漏一些信息，如遗漏作者(尤其是当作者为多个时，只写第一作者，而漏掉其余的作者)、卷期号、出版年或出版地、引文页码等各项中的一项或多项。这些遗漏常常给专家审稿时查阅参考文献和编辑加工整理带来一定的困难。3)信息错误。许多作者在著录参考文献时,常会出现年号与卷期号不一致或页码不符等技术性错误,也常见由笔误引起的信息错误。凡此种种,同样给审阅和编辑加工带来诸多不便,也反映了作者在著录时不够认真细致,或非自己亲自所阅。4)著录外文文献时出现的错误或遗漏。外文文献中单词拼写错误是最常见的错误,常常引起歧义,尤其是作者姓名的拼写错误,往往使文献检索和查阅难以进行。而且,有些作者常常是拾了芝麻丢了西瓜,把一些无关紧要的信息著录了下来,却丢掉了重要的内容。因此,作者在著录时应在理解各项内容的基础上,遵照参考文献的著录规则,加倍小心,尽量避免出错[3]。

2.1.1 西文姓名和西文期刊名

按 GB/T 7714—2005《文后参考文献著录规则》的要求,文后参考文献的作者应是姓在前名在后(包括外文姓名)[4]。作者著录时往往会写错英文姓名的排列顺序,将姓名位置写颠倒、甚至写错,有时还会省略了姓名前的介词或冠词,如 Mac,Mc,M’,Van,von,de,Le,La 等;有时会省略姓名后的罗马数字Ⅰ、Ⅱ、Ⅲ,或Jr、Sr等。要想正确处理参考文献的作者姓名写法问题,就要对外文姓名有一个基本的了解。现将一些容易发生错误的作者姓名列举如下(表 2.1)[5]。

中外文气象类期刊对西文期刊名的著录往往存在以下不妥之处：1)著录不规范，对期刊的缩写名任意增减字母；2)著录的期刊名不统一，或全称名或缩写名；3)同一种期刊对另一种期刊有不同的缩写名；4)不同的期刊对其他某一种期刊有不同的缩写名，如 Boundary-Layer Meteorology(边界层气象学)在不同的期刊上就有不同的缩写名：Bound-Layer Meteor; Boundary-Layer Met; Boundary-Layer Meteorol 等。

表 2.1 西文姓名的错误和正确的著录格式

外文作者姓名	常见的著录错误	正确的著录格式
Pascade MacArthur	Macarthur P	MacArthur P
F McDougal	Mcdougal F	McDougal F
G O'Neil	Oneil G	O'Neil G
Jame Alfred Van Buren	Buren J A V	Van Buren J A
Paul von Hindenburg	Hindenburg P V	Von Hindenburg P
Guy de Maupassant	Maupassant G D	De Maupassant G
Crane M. Hess Jr	Hess C M; Hess C M J	Hess C M Jr
Robert J. Waller, Ⅱ	Waller R J	Waller R J Ⅱ
Dryden Smith, PhD	Smith D P	Smith D

注：1)Mac：冠于爱尔兰或苏格兰姓氏之前，表"son of"之意，略作 Mc，M'；2)O'：置于爱尔兰姓氏之前，表"son of"之意；3)Van：=of，from，在德国或荷兰，将此字置于姓氏之前，以表其本源地；4)von：=of，from，在德国常加于姓前，表示贵族；5)De，de：多用于法国人的姓氏之前，表示世居地；6)在英美家族中，若父、子、孙三代共用一个姓和名时，为便于区别，可用罗马数字Ⅰ、Ⅱ、Ⅲ加以区别，或用 Sr(Senior)和 Jr(Junior)表示父亲和儿子；7)PhD：= Doctor of Philosophy，为哲学博士的缩写，按 GB/T 7714—2005 不应标出。

因此，在著录西文期刊时要注意以下问题：

1)对西文期刊的著录不能随心所欲,因为期刊名的缩写一般是根据国际上统一规定的缩写规则(ISO 4—1984《文献工作——期刊刊名缩写的国际规则》)来决定的,一经采用,就应是固定不变的;2)作者对其引证时不能随意更改它,不能任意加减字母,要么写其全称名,要么写其缩写名;3)在现代科技发展的要求下,对较为常见的期刊应采用其缩写名,一求简洁,二能缩小其所占用的版面;不常见的期刊宜写其全称,便于读者查阅;4)一种期刊应该对应唯一的缩写名,对期刊名进行著录时,应尊重该期刊自己的意愿,即采用该期刊本身所用的缩写名。下面将气象学类常见期刊的全称名及其本身所用的缩写名列在表 2.2 中。详细的大气科学类西文期刊刊名的缩写列于附表 1 中[6]。

表 2.2 常见气象学类西文期刊的全称名和缩写名

序号	期刊全称名	期刊缩写名
1	Journal of the Atmospheric Sciences	J. Atmos. Sci.
2	Monthly Weather Review	Mon. Wea. Rev.
3	Journal of Climate	J. Climate
4	Quarterly Journal of the Royal Meteorological Society	Quart. J. Roy. Meteor. Soc.
5	Journal of Applied Meteorology	J. Appl. Meteor.
6	Journal of the Meteorological Society of Japan	J. Meteor. Soc. Japan
7	Remote Sensing of Environment	Remote Sens. Environ.
8	Tellus	Tellus
9	Boundary-Layer Meteorology	Bound.-Layer Meteor.
10	Agricultural and Forest Meteorology	Agric. For. Meteorol.
11	Advances in Atmospheric Sciences	Adv. Atmos. Sci.

（续表）

序号	期刊全称名	期刊缩写名
12	Journal of Atmospheric and Oceanic Technology	J. Atmos. Oceanic Technol.
13	Journal of Geophysical Research	J. Geophys. Res.
14	Reader's Digest	Reader's Digest
15	Atmospheric Environment	Atmos. Environ.
16	Journal of Climate and Applied Meteorology	J. Climate Appl. Meteor.
17	Bulletin of the American Meteorological Society	Bull. Amer. Meteor. Soc.
18	Journal of Fluid Mechanics	J. Fluid Mech.
19	Climatic Change	Climatic Change
20	Science	无缩写名
21	Weather and Forecasting	Wea. Forecasting
22	Climate Dynamics	Climate Dyn.
23	Acta Meteorologica Sinica	Acta Meteor. Sinica
24	Nature	无缩写名
25	Meteorology and Atmospheric Physics	Meteor. Atmos. Phys.
26	IEEE Transactions on Computers	IEEE Trans. Computers
27	Theoretical and Applied Climatology	Theor. Appl. Climatol.
28	International Journal of Climatology	Int. J. Climatol.

注：表内英文期刊的中文名分别一一对应如下：

1)大气科学杂志(美)；2)每月天气评论(美)；3)气候杂志(美)；4)皇家气象学会季刊(英)；5)应用气象杂志(美)；6)日本气象学会杂志(日)；7)环境遥感(美)；8)大地(丹麦)；9)边界层气象学(荷)；10)农业与林业气象学(荷)；11)大气科学进展(中)；12)大气与海洋技术杂志(美)；13)地球物理研究杂志(美)；14)读者文摘(英)；15)大气环境(英)；16)气候学与应用气象学杂志(美)；17)美国气象学会通报(美)；18)流体力学杂志(英)；19)气候变化(荷)；20)科学(美)；21)天气与预报(美)；22)气候动力学(德)；23)气象学报(中)；24)自然(英)；25)气象学与大气物理学(美)；26)计算机汇刊(美)；27)理论和应用气候学(奥地利)；28)国际气候学杂志(英)。另外，Tellus，Science，Nature 无缩写名，是因为根据 ISO 4－1984《文献工作——期刊刊名缩写的国际规则》：由一个单独的词构成的刊名，不予缩写。

2.1.2 参考文献表中 AGU 期刊的著录办法

自从 1979 年“温哥华格式”诞生以来，无论是在国际上还是在国内，科技期刊文后参考文献著录的内容和格式都没有发生过大的变化。从 2002 年开始，AGU（American Geophysical Union，美国地球物理联合会）主办刊物的论文的著录格式和页码编制方法发生了变化，例如，美国的 Journal of Geophysical Research（简称 J. Geophys. Res.，地球物理研究杂志）要求论文的著录格式为：“Qu, T., Mixed layer heat balance in the western North Pacific, J. Geophys. Res., 108 (C7), 3242, doi: 10. 1029/2002JC001536, 2003.”[7]。

其相应解释如下：

(1)页码编排方法已经改变，不是连续编排页码，而是每篇文章单独编排页码。

(2)“3242”是论文索引号(Citation Number)。这是要求著录的项目，由 4 位数字组成，表示该刊发表的文章的连续编号，以便 ISI(Institute for Scientific Information，美国科学信息研究所)计算该篇文章被引用的次数。

(3)“doi: 10. 1029/2002JC001536”是数字目标标识符(Digital Object Identifier; DOI)。

这也是要求著录的项目，包括 AGU 的标识符“10. 1029/”及文章投稿时的登记号“2002JC001536”，便于网上在线连接查询。

(4)另外，一篇文章在某一期中的序号(Order in Issue;

例如："35"），不是要求著录的项目，但是在印刷版中要求出现，是为了方便文章的准确定位和查找。

根据 GB/T 7714－2005，AGU 主办刊物的论文作为参考文献著录时，2001 年及以前的可以按我国国家标准进行著录，但是 2002 年及以后的则遇到了困难：AGU 主办期刊的论文缺少需要著录的"页码"项。为此，我们认为，著录时既要符合我国的国家标准，又要与国际接轨，适应信息时代的发展，并尊重源期刊的著录规则，以满足文章的在线查询和引文统计，适应信息时代文后参考文献著录的实际需要。所以 AGU 主办的刊物上发表的论文被著录时，格式如下：

(1)2001 年及以前的文献按照原来的办法进行著录，包括"引文页码"项。

(2)2002 年及以后出版的文献按照新办法进行著录，即按照我国国家标准并参考《J. Geophys. Res.》等刊物提供的著录格式进行著录。例如："Qu T. Mixed layer heat balance in the western North Pacific[J]. J. Geophys. Res.，2003，108（C7），3242，doi：10.1029/2002JC001536."，即著录为"主要责任者. 题名[文献类型标志]. 刊名，年，卷（期），索引号，doi 号."。其中，不再著录"引文页码"项。

2.1.3 十类常见文后参考文献的著录格式及示例

依据 GB/T 7714—2005《文后参考文献著录规则》，给出十类常见参考文献的著录格式，指出了著录中应注意的事项，列于附表 2 中[8]。

2.1.4 几点注意事项

(1)同一文献在论著中被引用多次,只编1个号,引文页码放在“[ ]”外,文献表中不再重复著录页码。

示例1:张××[4]15-17……;张××[4]55……;张××[4]101-105……

(2)欧美著者的名可缩写,并省略缩写点,姓可用全大写;如用中译名,可以只著录其姓。

示例1:Einstein A 或 EINSTEIN A(原题:Alberd Einstein)

示例2:韦杰(原题:伏尔特·韦杰)

中国著者姓名的汉语拼音按GB/T 16159—1996的规定书写,名字不能缩写。

示例1:Zheng Guangmei 或 ZHENG Guangmei

参考文献作者在三位以内者应全部列出,超过三位者只列前三位,其后加“,等”或“,et al.”。

(3)合期用“/”。

示例1:年(合期号):页　　2005(1/2):40-43.

(4)外文的书名、文集名、报告名、学位论文名,实词不用首字母大写,只要第一个单词首字母大写即可。

2.1.5 参考文献表中“论文集中析出文献”的著录

在参考文献表中,当数“论文集中析出文献”的著录最为复杂,尤其是在著录外文论文集中析出文献时,由于著录项目较复杂和非母语文字等原因,因此很容易漏掉或搞错要求著录的项目[9]。针对“论文集中析出文献”较难著录的现状，根据 GB/T 7714—2005《文后参考文献著录规则》，提出规范著录此类文献的注意事项。

GB/T 7714—2005《文后参考文献著录规则》具体地规定了论文集中析出文献的著录格式为：

［序号］析出文献主要责任者．析出文献题名［文献类型标志(电子文献必备，其他文献任选)］．析出文献其他责任者//专著主要责任者．专著题名：其他题目信息．版本项．出版地：出版者，出版年：析出文献的页码［引用日期(联机文献必备，其他电子文献任选)］．获取和访问路径(联机文献必备)．

示例：

［1］钟文发．非线性规划在可燃毒物配置中的应用［C］//赵玮．运筹学的理论与应用：中国运筹学会第五届大会论文集．西安：西安电子科技大学出版社，1996：468-471．

［2］FOURNEY M E. Advances in holographic photoelasticity［C］//American Society of Mechanical Engineers. Applied Mechanics Division. Symposium on Applications of Holography in Mechanics, August 23-25, 1971, University of Southern California, Los Angeles, California. New York: ASME, c1971: 17-38.

［3］张忠智．科技书刊的总编(主编)的角色要求［C］//中国科学技术期刊编辑学会建会十周年学术研讨会论文汇编．北京：中国科学技术期刊编辑学会学术委员会，1997：33-34．

需要注意的是：

(1)当著录信息完整时，应该按照国家标准规范著录；当信息不全面时，可以采用替代办法进行著录，以保证著录信息的完整性。例如：无出版地和出版者时，可用会议举办地和会议主办者替代。这样做的好处是：既可弥补信息量不足，又能规范著录格式，便于读者掌握文献信息，便于读者查找相关文献。此外，如果文集较难获取时，应提供有效获取的通信地址。

(2)参考文献表中的论文集并非必须由出版社出版，由会议主办者出版也可以，但必须保证读者能够公开查阅和方便获取。示例[3]就属此类。

(3)正式和非正式出版的“论文集中析出文献”均应作为文献列于文后参考文献表中，这样做的好处是：数据统一，利于文献计量学研究；文章版面整齐美观，不散碎。文献著录不仅要求规范化，关键是为读者、为科学研究提供更好的服务。

(4)Springer 出版社出版的论文集在以纸质形式印刷出版的同时，又以电子期刊(如 Lecture Notes in Computer Science, ISSN 0302—9743)的新一卷形式联机出版(www.springer.com/lncs)，而且在纸质论文集的封面和版权页上印刷了电子期刊的信息。因此，在著录此类论文集时，可以考虑将电子期刊名及卷号加“{}”后作为补充信息进行著录(见示例[4])。这样既保证了著录内容的准确性，又能使得著录内容更加完整。如果阅读的文献就是电子期刊，则应按照电子期刊的格式著录。

示例：

[4] Doerr B, Klein C. Unbiased rounding of rational matrices [C]// Arun-Kumar S, Garg N. Foundations of software

technology and theoretical computer science: FSTTCS 2006: Proceedings of the 26th International Conference on Foundations of Software Technology and Theoretical Computer Science, Kolkata, India, December 13-15, 2006. Berlin: Springer, c2006: 200-211. {Lecture Notes in Computer Science,4337.}(增加了电子期刊名及卷号)

(5)作者著录参考文献时应注意信息源采集的完整性。文后参考文献的著录信息源是被著录的文献本身。论文集等可依据书名页、版本记录页、封面等主要信息源著录各个著录项目;论文集中析出的篇章等依据参考文献本身著录析出文献的信息,并依据主要信息源著录析出文献的出处。有些论文集名包含了会议举办地、举办时间等大量信息,应全部著录(见示例[5]、[6])。此外,注意信息源采集的准确性,著录的文集应是亲自阅读过的,否则其信息的准确性和完整性就得不到保证。

示例:

[5] Andersen R, Chung F. Detecting sharp drops in pagerank and a simplified local partitioning algorithm[C]//Cai Jin-yi, Cooper S B, Zhu Hong. Theory and Applications of Models of Computation: Proceedings of the 4th International Conference, TAMC 2007, Shanghai, China, May 22-25, 2007. Berlin, Germany: Springer-Verlag, c2007: 1-12.(论文集名中没有会议主办者,但包含了会议举办地、举办时间等信息)

[6] Peng Wen, Tong Ruofeng, Qian Guiping, et al. A constrained ant colony algorithm for image registration

[C]// Huang De-Shuang, Li Kang, Irwin G W. Computational intelligence and bioinformatics: ICIC 2006: proceedings, part III of the International Conference on Intelligent Computing, Kunming, China, August 16-19, 2006. Berlin: Springer-Verlag, c2006: 1-11.(论文集名中没有会议的主办者—IEEE Computational Intelligence Society and International Neural Network Society，但包含了会议举办地—Kunming, China、举办时间—August 16-19, 2006 等信息)

(6)当论文集的载体为联机网络(online)时还应著录“[引用日期].获取和访问路径.”,同时文献类型标志为[C/OL](见示例[7])。

[7] Metcalf S W. The Tort Hall air emission study[C/OL]// The International Congress on Hazardous Waste, Atlanta Marriott Marquis Hotel, Atlanta, Georgia, June 5-8, 1995: impact on human and ecological health. [1998-09-22]. http://atsdrl. atsdr. cdc. gov:8080/cong95. html.(联机网络论文集)

(7)出版年无法确定时,可依次选用版权年(如 c1988)、印刷年(如 1995 印刷)、估计的出版年(估计的出版年需置于方括号内,如[1936])。

(8)个人著者采用姓在前名在后的著录形式。欧美著者的名可以用缩写字母,缩写名后省略缩写点。用汉语拼音书写的中国著者姓名不得缩写[4]。

(9)凡是对文献负责的机关团体名称通常根据著录信

息源著录。用拉丁文书写的机关团体名称应由上至下分级著录[4]。

2.2 量和单位的用法

国家法定计量单位是政府以命令的形式明确规定要在全国采用的计量单位制度。《量和单位》系列标准GB 3100—3102是我国各行各业都必须执行的强制性、基础性国家标准[1]。

2.2.1 规范表达量符号——以温度、指数为例

在大气科学研究中应用较为广泛的有关温度的量往往被习惯地表示为英文名称缩写，如海面温度（sea surface temperature）表达为SST。应该指出：按照国家标准[10]，采用英文名称缩写作为温度的量符号是不可取的，温度的量符号应使用法定符号 T、Θ 或 t、θ 辅以下角标等附加符号来表示，如 T_{max}、θ_{se} 等。

国家标准规定：热力学温度为基本量之一，热力学温度的量符号为 T、Θ，单位为K（K为SI基本单位）；摄氏温度是开尔文用于表示摄氏温度值的一个专门名称，摄氏温度的量符号为 t、θ，单位为℃（℃读作“摄氏度”，为SI辅助单位）；热力学温度与摄氏温度的关系式为：$t=T-T_0$，$T_0=273.15$ K。据此知道：温度表达为 T/K 或 t/℃（图表中），是因为有关温度的量是同种量，并有着相同的单位K或℃。

此外，在表达量符号时，应遵循国家标准规定的原则[10]：量的符号通常是单个拉丁或希腊字母，有时带有下标或其他的说明性标记，而不是采用某种文字名称字母的缩写形式。使用英文名称缩写，容易引起混乱，使同一种量有多种不同的符号，使同一种量遭到异化，甚至误解为多个量的乘积。

为规范表达量符号，建议如下[11]：

(1)作为文字叙述的一部分，而不是作为论文采用的量符号，可以采用英文缩写词。但是，在文中第一次出现英文缩写词(正体)时，应在括号内注出其全称，并用中文表达，例如“SST(sea surface temperature，海面温度)”。

(2)当有关的温度表示为物理量时，其符号的采用应符合国家的标准，表示为法定主符号 T、t 或 Θ、θ(斜体)，有时需要辅以下标等附加符号。

当物理量为温度差值时，其符号可以表示为 Δt 或 t'_{ss}，如：海温异常的量符号可以表示为 t'_{ss}，24 h 变温的量符号可以为 Δt_{24}。大气科学研究中，部分有关温度的量符号如表 2.3 所示。

表 2.3 有关温度的量符号的表达举例

中文名称	英文名称	推荐量符号
气温	air temperature	T_{a}，t_{a}
湿球温度	wet-bulb temperature	T_{wb}，t_{wb}
干球温度	dry-bulb temperature	T_{db}，t_{db}
露点[温度]	dew point [temperature]	T_{d}，t_{d}
霜点	frost point	T_{f}，t_{f}
云顶温度	cloud top temperature	T_{ct}，t_{ct}

（续表）

中文名称	英文名称	推荐量符号
冰点	ice point	T_i，t_i
亮度温度	brightness temperature	T_b，t_b
行星温度	planetary temperature	T_p，t_p
相当温度	equivalent temperature	T_e，t_e
等压相当温度	isobaric equivalent temperature	T_{ie}，t_{ie}
绝热相当温度	adiabatic equivalent temperature	T_{ae}，t_{ae}
虚温	virtual temperature	T_v，t_v
位温	potential temperature	θ，Θ
相当位温	equivalent potential temperature	θ_e，Θ_e
假相当位温	pseudo-equivalent potential temperature	θ_{se}，Θ_{se}
湿球位温	wet-bulb potential temperature	θ_w，Θ_w
假湿球位温	wet-bulb pseudo-potential temperature	θ_{sw}，Θ_{sw}
假湿球温度	wet-bulb pseudo-temperature	T_{sw}，t_{sw}
地面温度	surface temperature	T_s，t_s
地温	ground temperature	T_g，t_g
土壤温度	soil temperature	T_s，t_s
活动温度	active temperature	T_a，t_a
有效温度	effective temperature	T_e，t_e
最适温度	optimum temperature	T_o，t_o
积温	accumulated temperature	T_a，t_a
活动积温	active accumulated temperature	T_{aa}，t_{aa}
有效积温	effective accumulated temperature	T_{ea}，t_{ea}
农业界限温度	agricultural threshold temperature	T_{at}，t_{at}
叶温	leaf temperature	T_l，t_l
弹道温度	ballistic temperature	T_b，t_b
感觉温度	sensible temperature	T_s，t_s
舒适温度	comfort temperature	T_c，t_c
森林界限温度	forest limit temperature	T_{fl}，t_{fl}
海面温度	sea surface temperature，SST	T_{ss}，t_{ss}
总温度	total temperature	T_{tot}，t_{tot}
850 hPa 上的温度	temperature at 850 hPa	T_{850}，t_{850}
黑体温度（云顶亮温）	black-body temperature，TBB	T_{bb}，t_{bb}

（续表）

中文名称	英文名称	推荐量符号
人体感觉温度	physiological equivalent temperature, PET	T_{pe}，t_{pe}
24 h 变温	temperature difference after 24 h	ΔT_{24}，Δt_{24}
海温异常	sea surface temperature anomaly	T'_{ss}，t'_{ss}

注：其他有关温度的量也应规范表达，如：空气温度 t_a，海水温度 t_w，最高温度 t_{max}，最低温度 t_{min}，分位温 θ_d。另外，标准化温度距平为“量纲为一”的量。

(3)必须指出：当单位为热力学温度 K 时，应采用 T 或 Θ 作为量的主符号，而当单位为摄氏温度℃时，应采用 t 或 θ 作为量的主符号。

(4)温度量符号的下标的大小写也有规定：量符号作下标，其字母大小写同原符号；来源于人名的缩写作下标用大写正体；不是来源于人名的缩写作下标，一般都是用小写正体。

(5)温度量符号的使用场合主要有图、表、计算公式等。图题或表题中出现过温度的量名称和量符号时，标目中可省去量名称而只给出量符号，如“海面温度 t_{ss}/℃”标为“t/℃”；否则，应当同时用“量名称和量符号”，如“海面温度 t_{ss}/℃”；若文中不出现计算式，只在图或表中涉及“量”的问题，标目中也可以只有量名称，如“海面温度/℃”。在论著的计算式中，例如 $t'_{ss}=t_{ss}-\bar{t}_{ss}$，作为温度的量符号必须为斜体，表示为法定主符号辅以下标等附加符号。

(6)在大气科学中应用极为广泛的各类指数量符号 I(表 2.4)，尽管可能表示不同种类的量，并有不同的单位，或者为“量纲为一的量”，但也可按国家标准规定的原则[10]处理，即：“如在某种情况下，不同的量有相同的符号或是对一个量有不同的应用或要表示不同的值，可采用下标予以区分”。在

同一篇论文中 I 表示不同的量时，必须加下标以区分。

表 2.4 有关各类指数 I 的量符号示例

中文名称	英文名称	推荐量符号
稳定度指数	index of stability	I_s
环流指数	circulation index	I_c
纬向环流指数	zonal circulation index	I_z
经向环流指数	meridional circulation index	I_m
干旱指数	drought index	I_d
季风指数	monsoon index	I_m
农业气象指标	agrometeorological index	I_{am}
复种指数	cropping index	I_c
植被指数	vegetation index	I_v
生物气象指数	biometeorological index	I_{bm}
风寒指数	wind-chill index	I_{wc}
舒适指数	comfort index	I_c
不适指数	discomfort index	I_{dc}
南方涛动指数	southern oscillation index,SOI	I_{so}
叶面积指数	leaf area index,LAI	I_{la}
环境指数	environmental index	I_e
大圆指数	great circle index	I_{gc}
晾晒指数	drying index	I_d
紫外线指数	ultraviolet index	I_u
旅游指数	tour index	I_t
用电负荷量指数	electricity load index	I_{el}
着装指数	clothing index	I_c
沙瓦特指数	Sawait index	I_S

注：沙瓦特指数为 $I_S = T_{500} - T_S$。另外还有降水指数 I_p，北太平洋涛动指数 I_{NPO}，北大西洋涛动指数 I_{NAO}，遥相关型指数，波列指数，夏(冬)季风指数，亚洲季风指数，海冰面积指数，积雪面积指数，暑热指数等。

(7)其他量符号也应依据国家标准规范表达，如：

MPV(湿位势涡度)——ζ_m 或 ζ_{mpv}

SLP(海平面气压)——p

RMS（均方根）——v_{rms}

SSTA——T_{ssa}（单位：K）；t_{ssa}（单位：℃）

TBB——T_{bb}（单位：K）；t_{bb}（单位：℃）

（8）遇到难编辑加工的量符号时可考虑采用 V(value)、I(index)两符号套用。

2.2.2　常见量和单位

量的符号一般为单个拉丁字母或希腊字母，并一律采用斜体（pH 例外）。为区别不同的情况，可在量符号的右侧下方用不同下标标识。采用英文缩写名作为量符号是不可取的，如 *SST*，*TBB* 就是不可取的。气象领域中常见的通用量符号有：R 为降水量，T 为热力学温度，t 为摄氏温度，p 为气压，H 为位势高度，l 为大气厚度，Q 为热量，E 为能量，m 为质量，f 为频率，θ 为位温，$V(uvw)$ 为速度，ρ 为曲率半径、密度，φ 为纬度，λ 为经度，Φ 为重力位势，ζ_x 为涡度的 x 分量，ζ_z 为涡度的垂直分量（详见表 2.5）[12]。

大气科学论文中有些单位不是国家规定的，应按约定成俗的写法撰写，如位势米 gpm，位势什米 dagpm，°E，°N，候（5 d），旬（10 d），dBz（雷达回波强度单位），°lat（纬距）。

有些是有规定的，如 hPa 就不能写成 hpa、Hpa、毫巴 mb（已被废弃）等。小时应为 h，有时错为 hr，H 等。公顷为 $\mathrm{hm^2}$，有时错误地被“亩”（已被废弃）所代替。

大气科学中，散度、涡度的单位为 $\mathrm{s^{-1}}$，水汽通量的单位为 $\mathrm{g\cdot s^{-1}}$（z 坐标系）或 $\mathrm{g\cdot s^{-1}\cdot cm^{-1}\cdot hPa^{-1}}$（$p$ 坐标系），水汽通量散度的单位为 $\mathrm{g\cdot s^{-1}\cdot cm^{-2}\cdot hPa^{-1}}$，垂直速度

w 的单位为 hPa · s^{-1}(详见表 2.5)[12]。

表 2.5 与大气科学有关的部分常用量和单位

量		SI 单位		与 SI 并用的单位		备注
名称	符号	名称	符号	名称	符号	
[平面]角	$\alpha,\beta,\gamma,\theta,\varphi$	弧度	rad	度 [角]分 [角]秒	° ′ ″	
面积	A,(S)	平方米	m^2	公顷	hm^2	
时间,时间间隔,持续时间	t	秒	s	分 [小]时 日,(天) 候 星期,周 旬 月 年	min h d a	
速度	v c u,v,w	米每秒	m/s	千米每[小]时	km/h	
周期	T	秒	s			
频率	f,υ	赫[兹] 每秒,负一次方秒	Hz s^{-1}	转每秒 转每分	r/s r/min	
波长	λ	米	m			
相速度 群速度	c,v c_φ,v_φ c_g,v_g	米每秒	m/s			
质量	m	千克(公斤)	kg	吨	t	
体积质量,[质量]密度	ρ	千克每立方米	kg/m^3	吨每立方米 千克每升	t/m^3 kg/L	

（续表）

量		SI 单位		与 SI 并用的单位		备注
名称	符号	名称	符号	名称	符号	
力	F	牛[顿]	N			1 N=1 kg·m/s^2
压力，压强 正应力 切应力	p σ τ	帕[斯卡]	Pa			1 Pa=1 N/m^2 巴(bar)：1 bar=100 kPa
能[量] 功 势能，位能 动能	E W，(A) E_p，(V) E_k，(T)	焦耳	J			1 J = 1 N·m = 1 W·s
功率	P	瓦[特]	W			1 W=1 J/s
热力学温度	T，(Θ)	开[尔文]	K			
摄氏温度	t，θ	摄氏度	℃			$t = T - T_0$，T_0=273.15 K
热量	Q	焦[耳]	J			
热容	C	焦[耳]每开[尔文]	J/K			

（续表）

量		SI 单位		与 SI 并用的单位		备注
名称	符号	名称	符号	名称	符号	
质量热容，比热容 质量定压热容，比定压热容 质量定容热容，比定容热容 质量饱和热容，比饱和热容	c c_p c_V c_{sat}	焦［耳］每千克开［尔文］	J/(kg·K)			
体积分子（或粒子）数，分子（或粒子）数密度，B的分子浓度	n C_B	每立方米，负三次方米	m^{-3}			
体积质量，质量密度，密度	ρ	千克每立方米	kg/m^3	千克每升	kg/L	
B的质量浓度	ρ_B	千克每立方米	kg/m^3	千克每升	kg/L	

（续表）

量		SI 单位		与 SI 并用的单位		备注
名称	符号	名称	符号	名称	符号	
B 的浓度，B 的物质的量浓度	c_B	摩［尔］每立方米	mol/m^3	摩［尔］每升	mol/L	在化学中 B 的浓度的量符号也表示成［B］
B 的质量分数	w_B	一	1			
B 的体积分数	φ_B	一	1			
溶质 B 的质量摩尔浓度	b_B, m_B	摩［尔］每千克	mol/kg			
气压	p	百帕	hPa			$1\ Pa = 1\ N \cdot m^{-2}$
位势高度	$H, (Z)$			位势米，位势什米	gpm，dagpm	$1\ gpm = 9.8\ m^2 \cdot s^{-2}$
重力位势	Φ	平方米每平方秒	$m^2 \cdot s^{-2}$			$1\ J \cdot kg^{-1} = 1\ m^2 \cdot s^{-2}$
位温	θ	开［尔文］	K			
降水量	R	毫米	mm			
垂直速度	ω	百帕每秒	$hPa \cdot s^{-1}$			

（续表）

量		SI 单位		与 SI 并用的单位		备注
名称	符号	名称	符号	名称	符号	
经度	λ			度	°	
纬度	φ			度	°	
长度，距离	L,l d,r	米	m	纬距	°lat	1° lat=111.1 km
散度	D	每秒	s^{-1}			
涡度	ζ	每秒	s^{-1}			
水汽通量	$\frac{1}{g}\|\mathbf{V}\|\cdot q$	克每秒百帕厘米	$g\cdot s^{-1}\cdot hPa^{-1}\cdot cm^{-1}$			
水汽通量散度	$\nabla\cdot\frac{1}{g}\|\mathbf{V}\|\cdot q$	克每秒百帕平方厘米	$g\cdot s^{-1}\cdot hPa^{-1}\cdot cm^{-2}$			
位涡（位势涡度）	ζ_p	四次方米每三次方秒开千克	$m^4\cdot s^{-3}\cdot K^{-1}\cdot kg^{-1}$			
湿位涡（MPV）	ζ_{mpv}，ζ_m	平方米开[尔文]每秒千克	$m^2\cdot K\cdot s^{-1}\cdot kg^{-1}$			
Q 矢量	$\boldsymbol{Q}$	米每百帕三次方秒	$m\cdot hPa^{-1}\cdot s^{-3}$			

（续表）

量		SI单位		与SI并用的单位		备注
名称	符号	名称	符号	名称	符号	
Q 矢量散度	$\nabla \cdot \boldsymbol{Q}$	每百帕三次方秒	$hPa^{-1} \cdot s^{-3}$			
E-P通量矢量的散度	$\nabla \cdot \boldsymbol{E}$	平方米每平方秒	$m^2 \cdot s^{-2}$			
O_3 含量	$I(O_3)$			陶普生单位	DU	
雷达回波强度	I				dBz	
相对湿度	H_R, f	一	1	百分比	%	
绝对湿度	a	克每立方米	$g \cdot m^{-3}$			
水汽压	e	百帕	hPa			
比湿	q	克每克	$g \cdot g^{-1}$			

另外，(1)国家标准(GB 3102.8—93)规定，表示混合物组成标度的量可分为三类：a.“分数”；b.“比”；c.“浓度”。如：浓度(mol/L)；质量浓度(kg/L)；质量分数($\times 10^{-9}$)；体积分数($\times 10^{-9}$)；体积比(mL/L)；质量比(mg/kg)。(2)论文不能采用 ppm(10^{-6})、ppb(10^{-9}美)或(10^{-12}英)作为单位。正确的表达有如下两种形式：A 的体积分数为 21 %，B 的质量分数为 40×10^{-6} 或 A 的体积比为 0.21 mL/m³，B 的质量比为 40 mg/kg。(3)谈到某物质(如 CO_2)与某物质(如 O_2)的体积比、质量比时，应表达为：$V(CO_2) : V(O_2) =$

1∶3;$m(CO_2)$∶$m(O_2)$=1∶3。(4)B的物质的量浓度,也称为B的浓度,符号为c_B,也可以表示成[B]。B的浓度为6 mol/m^3;B的质量浓度为5 kg/m^3。上述概念是不同的,务必不能混淆[12]。

2.2.3 大气科学论文中量与单位的组合形式

图、表中符号表示数值的量和单位时,应采用量与单位相比的形式,如l/m,p/hPa,η/%,α/(°),株高/cm,电闪频次/(次·(5 min)$^{-1}$)。图题或表题中已出现过量名称和量符号时,标目中可省去量名称而只给出量符号,如"l/m";否则,应当同时用"量名称和量符号",如"波长 l/m";若文中不出现计算式,只在图或表中涉及"量"的问题,标目中也可以只有量名称,如"波长/m"[12]。

2.2.4 "量"的运算和"单位"的变化

大气科学论著中涉及的"量和单位"非常多,在对"量"进行数学运算时,会产生许多新的"量和单位"。由于涉及的数学方法较复杂,"量"通过复杂计算后,其相应的单位也要改变,且变得很复杂,所以特别容易搞混淆,甚至会将"量"的量级搞错。这些问题不仅困扰着作者,而且编辑在加工修改时也感到较为棘手。这里试图将一些难以把握的"量和单位"进行分析与比较,得到确切的结果,便于工作中参考使用[13]。

2.2.4.1 一个"量"简单地衍生成多个"量"

一个"量"通过简单的数学处理就可以衍生出许多"量"

来。例如:一个量可以有其距平、标准化距平、方差、均方差(标准差)等。下面以热力学温度或降水及其单位举例说明。

(1)温度 T;单位:K。

(2)温度距平:$T'=T-\overline{T}$($\overline{T}$ 为平均温度);单位:K。

(3)温度方差:$\sigma^2=\frac{1}{n}\sum_{i=1}^{n}(T_i-\overline{T})^2$;单位:$K^2$。

(4)温度均方差(标准差):$\sigma=\sqrt{\frac{1}{n}\sum_{i=1}^{n}(T_i-\overline{T})^2}$;单位:K。

(5)温度距平标准化值:$T_{norm}=\frac{T-\overline{T}}{\sigma}$;无单位。

(6)降水距平百分率:$\frac{R-\overline{R}}{R}$($\overline{R}$ 为该时段的平均降水);无单位。

因此只要熟知上述计算过程,就一定能正确地写出其相应的单位。

2.2.4.2　"量"经 EOF 等统计方法处理成新的"量"

(1)EOF(empirical orthogonal function,自然正交函数或经验正交函数)

a. 量经过标准化处理的情况

若"量"经过标准化处理后作 EOF 分析时,本身已经无单位,则生成的特征向量肯定无单位,而且时间系数也无单位。实际上,经过标准化处理的资料场作 EOF 分析时,如果 $\boldsymbol{p}_k$ 是第 k 个特征值 λ_k 对应的归一化的特征向量,$\boldsymbol{p}_k^{T}\boldsymbol{p}_k=$

1，则 $\boldsymbol{p}_k' = (\sqrt{\lambda_k}\boldsymbol{p}_k)$ 就是格点资料序列与 EOF 展开的第 k 个时间系数序列之间的相关系数分布，它在分布形态上与 $\boldsymbol{p}_k$ 是一致的，而 $\boldsymbol{p}_k$ 则仅仅表示了形态上的分布。因为 $\boldsymbol{p}_k$ 是归一化的，其量值大小与格点数有关，所以量值大小没有绝对意义，只是表示相对分布而已。

举例：500 hPa 高度场经过标准化处理后，再作 EOF 分析，则其空间型既可以用归一化的特征向量 $\boldsymbol{p}_k$ 表示，也可以用 $\sqrt{\lambda_k}\boldsymbol{p}_k$ 表示，两者都无单位，时间系数也无单位。

b. 量未经过标准化处理的情况

若"量"没有经过标准化处理，而是距平值，在作 EOF 分析时，则根据论文分析目的不同，有以下三种情况：

i)（空间型）特征向量有单位，与原"量"一致，而时间系数无单位。

我们知道，第 k 个 EOF 空间型对原始信号 $X(t)$ 的贡献是 $\alpha_k\boldsymbol{p}_k$

$$\alpha_k(t)\boldsymbol{p}_k = \left(\frac{\alpha_k(t)}{\sqrt{\lambda_k}}\right) \times (\boldsymbol{p}_k\sqrt{\lambda_k}) = \alpha'_k(t)\boldsymbol{p}'_k$$

式中，$\alpha_k(t)$ 是第 k 个 EOF 空间型对应的时间系数，$\boldsymbol{p}_k$ 是第 k 个 EOF 空间型，λ_k 是第 k 个时间权重系数的方差。有时为了更好地表示计算结果，将时间系数作标准化处理，即 $\left(\frac{\alpha_k(t)}{\sqrt{\lambda_k}}\right) = \alpha'_k(t)$。相应地，$(\boldsymbol{p}_k\sqrt{\lambda_k}) = \boldsymbol{p}'_k$，即空间型扩大了 $\sqrt{\lambda_k}$ 倍，因为 $\alpha'_k(t)$ 的方差和均方差是 1，所以 $\boldsymbol{p}'_k$ 无论在量值上，还是在形态分布上，都是距平场的典型分布。

ii)特征向量无单位(形态上为典型分布),而时间系数有单位,与原“量”一致。

iii)有的应用 EOF 分析时,空间型(即 EOF)用气象场与 EOF 展开时间系数之间的相关系数分布图表示,当然无单位。需要说明的是:此处,无论量是否经过标准化处理,都不影响空间型是相关系数分布这一特点。

(2)SVD(singular value decomposition,奇异值分解)

a. 无单位情况

若“量”经过标准化处理后作 SVD 分析时,则其奇异向量(或称为 SVD 模态)肯定无单位,而且时间系数也无单位。

b. 有单位情况

若“量”没有经过标准化处理,而是距平值,则理论上应与第 2.2.4.2 节中的(1)b 相对应,也应有两种基本处理结果。但实践中常将单位加于奇异向量上,且与原“量”一致,而时间系数则无单位。

c. 同类相关图、异类相关图因其等值线为相关系数,故无单位。

(3)小波分析

小波函数有许多种,常用的有墨西哥帽函数(Mexican Hat Function)等。墨西哥帽函数的表达式为

$$g(t) = (1 - t^2)\mathrm{e}^{-\frac{t^2}{2}}$$

墨西哥帽小波的一般形式为

$$g(a,b;t) = \frac{1}{\sqrt{a}}\, g\left(\frac{t-b}{a}\right) = \frac{1}{\sqrt{a}}(1 - t'^2)\exp\left(-\frac{t'^2}{2}\right)$$

式中 $t'=\frac{t-b}{a}$。特别当 $a=1.0, b=0$ 时，

$$g(a,b;t) = (1-t^2)e^{-\frac{t^2}{2}}$$

对于时间序列 $x(t)$，假定 a 为尺度参数，b 为时间位移参数，则小波变换

$$T_g(a,b) = \frac{1}{\sqrt{a}}\int_{-\infty}^{\infty} x(t)g^*\left(\frac{t-b}{a}\right)dt$$

表明了不同时间坐标点上各种不同时间尺度 a 的波型对信号 $X(t)$ 的“贡献”份额。所以采用墨西哥帽小波分析绘制成的时-频小波谱图中等值线没有单位。

(4) t 检验分析

t 表达式为

$$t = \frac{\overline{x(w)} - \overline{x(c)}}{\left[\left(\frac{n_w\sigma_w^2 + n_c\sigma_c^2}{n_w + n_c - 2}\right)\left(\frac{1}{n_w} + \frac{1}{n_c}\right)\right]^{1/2}}$$

式中 x 与 σ 单位相同，所以 t 检验值没有单位。

(5)相关分析

相关系数表达式为

$$r_{xy} = \frac{\frac{1}{n}\sum_{t=1}^{n}(x_t-\overline{x})(y_t-\overline{y})}{\sqrt{\frac{1}{n}\sum_{t=1}^{n}(x_t-\overline{x})^2 \cdot \frac{1}{n}\sum_{t=1}^{n}(y_t-\overline{y})^2}}$$

根据公式，相关系数没有单位。

2.2.4.3 常用的量和单位

(1)海平面气压场(sea level pressure，SLP)中量是气

压 p,单位为 hPa。

(2)等压面上位势高度 H

$$H \equiv \Phi(z)/g_0$$

式中 $\Phi(z)=\int_0^z g\mathrm{d}z$ 是重力位势,$g_0 \equiv 9.806\ 65\ \mathrm{m \cdot s^{-2}}$ 是纬度 45°处海平面上的地球重力加速度,H 单位是 gpm(geopotential meter,位势米)或 dagpm(位势什米)。若 $g=g_0$,则 H 与 z 在数值上是相同的,但是两者的意义却完全不同,位势米是表示能量的单位,几何米是几何高度的单位。

(3)风的速度 $V(u,v,w)$,风速的单位是 $\mathrm{m \cdot s^{-1}}$。

(4)降水量 R 折合成积水深度表示,其单位常用 mm 表示。

(5)气温 T 的单位:K;气温 t 的单位:℃。

(6)经度 λ、纬度 φ 的单位:(°)。如:°E,°W,°S,°N。

(7)雷达回波强度的单位:dBz。

这些单位虽然简单,但是在加工处理稿子时,仍然能发现较多的错误。

2.2.4.4　复杂的诊断量和单位

(1)水汽通量:在单位时间内通过某一单位面积的水汽质量。单位:$\mathrm{g \cdot s^{-1} \cdot cm^{-2}}$($z$ 坐标系中)或 $\mathrm{g \cdot s^{-1} \cdot hPa^{-1} \cdot cm^{-1}}$($p$ 坐标系中)。

(2)水汽通量散度:在单位时间里,单位体积内汇合进来或辐散出去的水汽质量。单位:$\mathrm{g \cdot s^{-1} \cdot hPa^{-1} \cdot cm^{-2}}$。一般暴雨区为 10^{-6} 量级。

(3)涡度：$\zeta=\frac{\partial v}{\partial x}-\frac{\partial u}{\partial y}$，单位：$s^{-1}$；散度：$D=\frac{\partial u}{\partial x}+\frac{\partial v}{\partial y}$，单位：$s^{-1}$。在大尺度大气中，一般量级为 10^{-5}。

(4)位涡：

位温 θ(单位：K)是描述大气热力状态的物理量；涡度是描述大气运动状态的物理量(单位：s^{-1})；位涡是一个综合描述大气的运动状态和热力状态的物理量，表达式为

$$\frac{c_p}{\rho}\left(\zeta\frac{\partial \ln\theta}{\partial z}\right)$$

式中 c_p 是比定压热容($J \cdot kg^{-1} \cdot K^{-1}$；$m^2 \cdot s^{-2} \cdot K^{-1}$)；$\theta$ 是位温(K)；ρ 是空气密度($kg \cdot m^{-3}$)；$\left(\zeta\frac{\partial \ln\theta}{\partial z}\right)$单位：$m^{-1} \cdot s^{-1}$。$1\ J=1\ N \cdot m=1\ kg \cdot m^2 \cdot s^{-2}$；$1\ N=1\ kg \cdot m \cdot s^{-2}$。故位涡的单位是：$m^4 \cdot s^{-3} \cdot K^{-1} \cdot kg^{-1}$。请注意，这里位涡的推导是基于 p 坐标系。

(5)湿位涡：

$$\zeta_{MP}=-g\left(\frac{\partial v}{\partial x}-\frac{\partial u}{\partial y}+f\right)\frac{\partial \theta_e}{\partial p}+g\left(\frac{\partial v}{\partial p}\frac{\partial \theta_e}{\partial x}-\frac{\partial u}{\partial p}\frac{\partial \theta_e}{\partial y}\right)$$

式中 $g=9.8\ m \cdot s^{-2}$；θ_e 是相当位温(K)；p 是气压(hPa；$N \cdot m^{-2}$；$kg \cdot m^{-1} \cdot s^{-2}$)。故湿位涡的单位是：$m^2 \cdot s^{-1} \cdot K \cdot kg^{-1}$。请注意，这里位涡的推导是基于 θ_e 坐标系，即沿湿等熵面 θ_e 的梯度为 0。应该指出，在同一坐标系中，位涡与湿位涡的单位是一致的。

(6)$\boldsymbol{Q}$ 矢量为

$$\boldsymbol{Q}=(Q_1,Q_2)=\left[-\frac{\partial \mathbf{V}_g}{\partial x}\cdot\nabla\left(-\frac{\partial \phi}{\partial p}\right),-\frac{\partial \mathbf{V}_g}{\partial y}\cdot\nabla\left(-\frac{\partial \phi}{\partial p}\right)\right];$$

$$\nabla_k^2(\delta\omega)+f^2\frac{\partial^2\omega}{\partial p^2}=-2\nabla\cdot\boldsymbol{Q}$$

可以分析 $\boldsymbol{Q}$ 矢量的单位为 m・hPa^{-1}・s^{-3}；$\boldsymbol{Q}$ 矢量散度 $\nabla\cdot\boldsymbol{Q}$的单位为 hPa^{-1}・s^{-3}。

(7)温度平流($-\boldsymbol{V}\cdot\nabla T$)的单位：℃・s^{-1}或 K・s^{-1}。

(8)E-P 通量

在 y-p 平面上，有 E-P 通量向量

$$\boldsymbol{E}=[E(y),E(p)]=\left\{-[u^*v^*],\frac{f}{[\theta]_p}[u^*\theta^*]\right\}$$

在球坐标系中，相应有

$$\boldsymbol{E}=[E(\varphi),E(p)]=\left\{-a\cos\varphi[u^*v^*],\frac{fa\cos\varphi}{[\theta]_p}[u^*\theta^*]\right\}$$

式中 $E(y)$和 $E(\varphi)$，$E(p)$分别是 E-P 通量向量的经向和垂直分量，a 为地球半径。$[\theta]_p=\partial[\theta]/\partial p$。$E(y)$和 $E(\varphi)$代表涡动动量的经向通量，$E(p)$代表涡动热量的经向通量。由此分析，$E(\varphi)$的单位是 m^3・s^{-2}；$E(p)$的单位是 m^2・hPa・s^{-2}。

E-P 通量散度为

$$\nabla\cdot\boldsymbol{E}=\frac{1}{a\cos\varphi}\frac{\partial}{\partial\varphi}\left[E(\varphi)\cos\varphi+\frac{\partial}{\partial p}E(p)\right]$$

所以 E-P 通量矢量的散度单位是 m^2・s^{-2}。

(9)各种指数的“单位”应具体情况具体对待。有的量有单位，有的是“量纲为一的量”。

a. 冬季风指数为

$$I_{\mathrm{EARW}}=\frac{1}{5}\left[\sum_{\lambda=1}^{5}H(\lambda,40^\circ\mathrm{N})-\sum_{\lambda=1}^{5}H(\lambda,70^\circ\mathrm{N})\right]$$

因为 H 是冬季平均 500 hPa 等压面上位势高度，单位是 gpm，所以该指数的单位是 gpm。也有将冬季风指数定义为

$$I_{WE}=\sum_{\varphi=1}^{6}[p(110°E,\varphi)-p(160°E,\varphi)]$$

因为 p 是冬季平均海平面气压，单位是 hPa，所以该指数的单位是 hPa。同样是季风指数，由于它的定义不同，所以其单位也应作相应改变。

b. 舒适指数

$$I_D=1.8T+0.55(1-H_R)+32-32\sqrt{V}$$

式中 T、H_R、V 分别是温度(℃)、相对湿度和风速($m \cdot s^{-1}$)，所以 I_D 无单位。不同地区可以有不同的计算公式，利用计算结果和当地人们的具体感受，舒适度可分为不同的等级。另外，可以引出晨练指数、晾晒指数、中暑指数、出门指数、钓鱼指数、着装指数、感冒指数、销售指数等城市气象指标。

c. 沙瓦特指数

$$I_S=T_{500}-T_S$$

它指小块空气由 850 hPa 开始，干绝热地上升到抬升凝结高度，然后再按湿绝热递减率上升到 500 hPa，在 500 hPa 上的大气实际温度(T_{500})与该上升气块到达 500 hPa 时的温度(T_S)的差值。可见，沙瓦特指数的单位是 K 或℃。

2.3 插图制作

对插图转换[14]，图片的精度和大小[14]，植字[15]，图中等值线的标记(数字)[16]，图中阴影和色彩[17,18]，标目(量和单位)[19]以及图题[19]进行了讨论，并特别强调注意有中国地图的插图，插图的中国国界必须与中国地图出版社出版的最新地图一致，切勿漏绘台湾、南海诸岛、海南省以及钓鱼岛、赤尾屿等重要岛屿，不随意使用变形地图[20]。

2.3.1 插图转换

(1)由 Corel Draw 到 Photoshop

气象研究部门常用的 GrADS 绘图软件绘制的图文件为 gmf 格式，需要用 GV 转换器转换为 wmf 格式。wmf 图可以插入 word 文件中，也可以直接由 Corel Draw 软件导入，再导出为 tif 图。所以作者可以直接提交 wmf 格式的图文件。

(2)由 word 插图到方正书版插图

这是目前最常见的制图方法，广泛应用于科技期刊的图形处理。

a. 在 Corel Draw 中粘贴并导出为 tif 文件

首先将图片复制或剪切到粘贴板，然后在 Corel Draw 中进行粘贴，再点击工具条上的“导出(Export)”按钮，选择导出为 tif 文件，输入文件名并调整其尺寸大小、精度等，最后便得到了可用于排版系统直接调用的 tif 图文件，当然还可以在 Photoshop 软件中作进一步的修改和加工。

b. 通过 word 软件，另存为 *. html 文档时，伴随生成带自动编号的 *. gif 文件，即图文件，再由 Photoshop 软件打开并转换为 *. tif 图像文件。

c. 直接由 word 到 Photoshop

在 word 中经过复制、放大、复制，再在 Photoshop 中粘贴、保存，最后得到所需要的图像。

(3)屏幕抓图到方正书版插图

屏幕抓图，计算机软件界面的获取多由此得到。按 PrintScreen 键，可以将当前屏幕上所有的图像复制到剪贴板上；使用 Alt＋PrintScreen 键，得到活动窗口下的界面图，再经过粘贴（Corel Draw 或 Photoshop），导出需要的图形格式（bmp 图、tif 图等）。还可以利用抓图软件（super capture）将所需图像保存为 bmp 格式文件，然后输入到相关软件中去。

当 word 文件中的图形不能粘贴在 Corel Draw 中时，可采用屏幕（高精度显示）复制，在 Photoshop 中粘贴，得到理想的图像。或者在 word 中先行编辑插图且不作任何改动后，再复制图片，一般情况下，可以粘贴在 Corel Draw 中。

(4)扫描图到方正书版插图

不管什么软件绘制的图形，只要有打印图稿，就可以通过扫描仪扫描，将扫描所得的图文件在 Photoshop 或其他软件(如 Corel Draw)中修改，最后得到理想的图像。一般要求被扫描的源图质量要高。

2.3.2　图片的精度和大小

(1)图片精度

根据输出设备的要求，确定图片的精度。一般情况下，图片精度设为 600 像素/英寸①(dpi)就足够了。如输出硫酸纸，选 600 像素/英寸(dpi)，输出胶片，可选 1 016 dpi。

(2)图片大小

为保证图形的印刷质量，不论采用方正排版系统的何种版本，在小样中插入图片(TP)命令时，图片尺寸应与实际大小完全一致。Photoshop 能精确地告知图形的长宽尺寸。

对图形实际大小的计算是图文混排必须解决的内容。只有知道图形的大小后，才能在方正软件排版时给出图片的大小。由于一般 A4 开本版心为 17 cm，为避免超版心错，在 Photoshop 中应按略小于 17 cm 的图宽制图，图宽定为 17 cm(画布宽)，并将图像放在画布的居中位置上。

(3)图片大小、分辨率大小和像素点大小的关系

Corel Draw 软件中导出的图形尺寸 L 由像素点大小 C 和分辨率大小 P 确定。三者关系满足下列公式：$L=25.4$

① 1 英寸=2.54 cm

C/P。式中:L 为图片输出尺寸(mm);C 为图形文件像素点数;P 为输出设备的精度,即分辨率(dpi);系数 25.4 来自 1 英寸=25.4 mm。针对一般图形的分辨率 P=600 dpi 的实际情况,列出表 2.6。

表 2.6 分辨率 P=600 时像素点数 C 与图片尺寸 L 的对应关系

C	1 417	1 654	1 890	2 126	2 362	2 598	2 835	3 070	3 307	3 543	3 780
L/mm	60	70	80	90	100	110	120	130	140	150	160

2.3.3 植字

利用方正书版、方正 psp 输出系统和 Photoshop 软件完成植字工作。首先在方正书版中输入需要植的字符(与正文字体一致),版心为 5 行 11 字(行距 0.5,6 号字体),排版后输出大样文件,然后在 psp(7.0 版)发排系统的打印“预显”(将 psp 发排系统“工具”栏的“模板管理”打开,点击“修改”按钮后将“预显”打勾)中正好满屏显示(此时显示器属性中屏幕分辨率设置为 1 024×768),经过屏幕复制,到 Photoshop 中粘贴在需要植字的 *.tif 图(分辨率为 600 像素/英寸)中,最后在需要植字的插图中作剪贴、复制等处理,就可以得到想要的插图。这样做可以保证正文字体与插图字体的和谐统一。

需要说明的是:1)如果排版的版心为 A4 或 16 开本,那么在 psp(7.0 版)发排系统的打印“预显”中应将显示效果调整为最大显示后再作屏幕复制,其拷屏效果与版心为 5

行11字的满屏复制效果完全一致;2)对于psp pro2发排系统,不管版心是多大,均应将显示效果调整为最大显示后再作相应处理;3)当显示器属性中屏幕分辨率设置为800×600时,只要将发排系统中“预显”效果调整为最大显示,其拷屏效果与1 024×768屏幕分辨率的拷屏效果完全一致,但是由于前者比后者的屏幕分辨率要低,因此在发排系统中最大“预显”后能够拷屏的植字内容相对较少。

2.3.4 图中等值线的标记(数字)

(1)作者在绘制原始插图时,就应考虑该插图发表时可能遇到的问题——数字大小、缩尺比例等,并设置好原始插图的数字大小。

(2)应用GrADS软件绘制插图时,对通栏排版的插图,可考虑在GrADS的*.gs文件中设置数字大小size=0.15;对半栏排版的插图,可考虑设置数字大小size=0.25。其他绘图软件,可以依此类推设置原始插图的数字大小,以满足出版要求。

(3)如果插图中数字的总数量较少,那么制图员在加工处理插图时可考虑应用Photoshop软件将插图中所有字符重新植一遍。

(4)根据插图的应用场合,采用相应设置。作者绘制的插图可能用于期刊上发表,也可能用于学术会议上作学术报告,那么,内容一致的插图就可以根据需要不同,采用不同设置并绘制成不同形式的图形,以满足插图在不同场合的需要。例如:在 word 文档、方正书版中为黑白或灰度的插图,数字大小约为 8 p,在 ppt 文档中就可以为彩色插图,数字大小为 16 p 左右(GrADS 中数字大小可设置为 size=0.15)。

(5)为了不影响插图的美观和阅读,对于不同缩尺比例的插图,作者还应考虑如何合理设置等值线的种类、疏密度、宽窄度(粗细)和颜色浓淡,阴影区的层次和颜色浓淡,以及彩图的色彩层次,避免插图黑白反差太小、图面一片昏暗,避免插图线条、文字发虚,似显非显,避免彩色插图的色彩层次不清,混成一团。

(6)制图员应认真考虑每一幅插图的特点,采用恰当的缩尺比例处理插图,如果插图不合要求,则应要求作者提供合适的原始插图,便于进一步加工处理。

(7)作者在绘制论文插图时,应注意图中等值线标记的数值范围是否合理,是否符合专业惯例和国家规范。例如:插图中等值线标记为"-2e-05"(图题中说明为散度,单位:s^{-1})、"0.000 2"(图题中说明为涡度,单位:s^{-1})。显然,例中等值线标记的数字过多、数值过小,且不直观,不符合规范要求,其等值线标记应改为"-2"(图题中说明为散度,单位:$10^{-5}\ s^{-1}$)、"20"(图题中说明为涡度,单位:$10^{-5}\ s^{-1}$)。

2.3.5 图中阴影和色彩

方正书版 10.0 可以直接调用灰度图和彩色图。雷达、卫星、遥感、阴影图的要求较高,如果只是简单处理成黑白图片，印刷效果较差，不能反映图的实质内容，应根据需要处理成彩色图或灰度图，但彩色的印刷成本较高[18]。

GrADS 软件提供了一个具有简单处理功能的 GV32 应用程序，该应用程序可以将插图由 *.gmf 转为 *.wmf，其中，后者为 Windows 图元文件，可以在 Windows 环境下方便地打开，但是该应用程序的功能常被用户忽视。利用该应用程序可以将彩虹颜色绘制的等值线图和阴影图转换为质量较高的黑白图和灰度图。处理前的等值线彩虹图，若以彩色图出版不存在问题，但是若以黑白图出版则线条颜色较淡，而且会出现断线。利用 GV32 应用程序中的“彩色或单色”转换按钮可以将彩虹颜色的等值线转换为单色(黑色)等值线，而且图中的地形和数字均很清楚。同时还可以利用 GV32 应用程序将线条由细变粗，使显示的线条更加清晰。对于彩虹阴影图的处理更重要。处理前的阴影图，若以彩色图出版同样不存在问题，但是若以灰度图出版则色标会出现歧义，比如同为“深蓝”和“大红”的色标颜色，转为灰度后则很难分辨，而且地形线不清楚。应用“彩色或单色”转换按钮，可以将彩虹图转换为灰度图，图中色标不会有歧义，地形线也很清楚[17]。

2.3.6 标目(量/单位)

标目是说明坐标轴物理意义的必要项目。通常，它要求由物理量的名称或符号和相应的单位组成。物理量的符号应该按照 GB 3100～3102－93 给出的斜体字母标注，尽量避免使用中、外文的文字段(或缩写字母)来代替符号。标目应采用“量/单位”的标准化形式,如:时间 t/h、气压 p/hPa、温度 T/K、气温 t/℃。标目表达应准确无误,如:θ/°应为 θ/(°)、“速度/m/s”应为“速度/(m/s)”或“速度/(m · s^{-1})”。

一般情况下,插图坐标数值范围为 0.1～1 000,超出这个范围时,宜采用指数形式或变化单位词头来表达,如:坐标标值为 10 000,20 000,30 000,…,标目中的单位为μg/g,此时应将单位改为 mg/g,相应地标值改为 10,20,30,…。

此外,插图标目内容应与图题内容相吻合。有的论文插图,按照插图表达的学术含义,应是“降水均方差”或“水汽通量散度”,而图题却描述为“降水方差”或“水汽通量”,显然“牛头不对马嘴”。这需要作者和编辑认真分析,只有搞清了插图的真正学术含义,才能为插图提供一个确切、规范的图题和标目。

2.3.7　图题

科技论文中有大量的插图,每幅插图应有简短、确切的名称(即图题),连同图号置于图的下方。图中符号、代码及试验条件等,应以最简练的文字加以说明,作为图注,置于图题下方。图题应能够独立于正文,含有足够的信息让读者明白插图的含义,而不需要频繁地参阅文章中的句子,即图题应具有较好的说明性和专指性。准确、规范撰写图题有助于读者正确理解插图含义,有利于科研成果的交流和传播,作者、编辑应重视图题的规范表达。

2.3.8　特别注意有中国地图的插图

气象学研究中经常涉及中国地图。而使用的 GrADS 绘图软件缺少“南海诸岛”部分，在克什米尔地区的国界也有不妥之处，为确保国家版图的严肃性和完整性，要求插图的中国国界必须与中国地图出版社出版的地图一致，不可漏绘台湾和南海诸岛等。为此，应注意以下事项：

(1)插图中的中国国界必须与中国地图出版社出版的最新地图一致，切勿漏绘台湾和南海诸岛。GrADS 绘图软件已完成“南海诸岛”、“黄河、长江”的插补工作，并得到广泛应用，但是仍然有一些插图缺少“南海诸岛”。为此，可以利用 Photoshop 软件预先做好“南海诸岛”的 tif 图文件，一旦发现插图中缺少了“南海诸岛”，就立即补上。此外，不漏绘台湾、海南省，以及钓鱼岛、赤尾屿等重要岛屿，不随意使用变形地图。

(2)由于绘图软件的原因，中印边界的东段、西段的争议地区与中国地图不一致。这应引起我们的重视，在绘图时予以修正，做到与中国地图一致；同时要求作者采用较高版本的绘图软件正确绘制带有中国地图的插图。

(3)中国地图的黄河和长江应该全部绘出，不能只绘出其中的一部分。

(4)对于国界界线错误或缺失或不完整的插图，应严格把关、重新绘制，做到与中国地图一致。

(5)对于需要标明比例尺的插图，建议采用图示法比例尺；对于标注参照性地名有利于作者分析和读者阅读的插图，则应要求加上参照性地名。

2.4 表格栏目设计

表格是期刊的重要组成部分，表格的规范化问题一直受到科技期刊界编辑的重视。目前，科技期刊多采用三线表。三线表的重要特征是三条横线即顶线、底线和栏目线贯穿全表，取消了表身中用来分隔的贯穿全表的横线。因此它比传统卡线表简洁、清晰，但增加了栏目设置的难度。由于作者对此不太熟悉，而期刊编辑又疏于加工，因此不少期刊的表格仍存在许多问题，如：栏目设置与表题重复、多层次栏目设置位置不对、缺少横向栏目、多层次栏目项目栏的内容置于表身、辅助线添加位置错误等。这些问题都直接影响到论文表格的规范化，使读者难以理解，阻碍了科技论文的交流。这里依据栏目设置的原则，从几个实例出发，对有关三线表栏目设置的问题进行探讨，以引起作者和编辑的重视，达到规范设置三线表的目的[21]。

2.4.1 三线表栏目设置的原则

三线表由表序和表题、项目栏（表格顶线与栏目线之间的部分）、表身（栏目线与底线之间的部分）及表注（可无）构成，其中项目栏是重要的一部分，一般要放置多个栏目，有时这些栏目还需分成多个层次，每个层次之间用一条辅助线(非贯穿全表的细横线)隔开,以表明上下层之间的隶属关系。栏目表示了表身中该栏信息的特征或属性、或存在的前提条件等,因此要使表格所反映的内容起到一目了然的作用,栏目设置应遵循如下几条原则:

(1)表格应具有自明性,即表自身给出的信息就能够说明欲表达的内容。

(2)项目栏要与表题匹配,即将表题要强调的信息特征作为项目栏中的各个栏目加以设置,同时根据表题强调的主次关系设置栏目的先后顺序。

(3)表格竖读的特性,即项目栏中各个栏目应与竖向该栏内的信息相对应,也即竖向栏内的信息一定不能放为横向。

(4)设置多层栏目时,第一层栏目应为第二层栏目的特征或属性、或存在的前提条件等;第二层栏目应为第三层栏目的特征或属性、或存在的前提条件等;依此类推。

(5)不能随意添加辅助线,辅助线的位置要合理,长度不能任意延长或缩短。

(6)单位符号应灵活表达。当栏目由量和单位符号组成时,单位符号放在量名称或量符号后,中间用斜分数线(/)隔开。即“量符号/单位符号(量纲不为1时)”=表身中相应栏内的数值,或者“量符号及前面的因数(量纲为1时)”=表身中相应栏内的数值。当栏目表示百分率时,也可表示为“量符号/%”的形式,“%”不是单位符号,其前面用“/”是暂时把它与单位作同样处理。如果表格内的全部或大部分栏目中的单位均相同(指包括词头在内的整个单位都一样)，则可把共同的单位提出来标示在表格顶线上方的右端，右缩一个汉字空格，不加“单位”二字。

2.4.2 栏目设置举例

(1)项目栏与表题的匹配

表 2.7 的表题主要是比较“弛豫时间 $T_{1\rho}$”，也即表身的主要内容，而表题强调的是不同壳聚糖样品的情况，因此，第一栏设置栏目“壳聚糖样品”(表 2.8)给出比较的前提；又因各样品是在不同“自旋晶格”间比较弛豫时间 $T_{1\rho}$，所以第二栏应设置为双层栏目，其中第一层栏目“自旋晶格”表示出第二层栏目“C_1，$C_{3,5}$，$C_{2,6}$”的共同属性。同时根据单位符号的表示原则，栏目应设置成表 2.8 的形式。这样设置栏目既保证了三线表竖读的特性，也与表题内容相匹配。

表 2.7 四个壳聚糖样品在旋转坐标系下的自旋晶格弛豫时间 $T_{1\rho}$

ms

样品	$T_{1\rho}$/ms		
	C_1	$C_{3,5}$	$C_{2,6}$
A	2.3±0.1	2.3±0.1	2.6±0.2
B	3.7±0.4	4.1±0.3	3.4±0.5
C	3.6±0.4	4.3±0.2	3.3±0.4
D	3.5±0.2	3.7±0.3	3.5±0.1

表 2.8 四个壳聚糖样品在旋转坐标系下的自旋晶格弛豫时间 $T_{1\rho}$

ms

壳聚糖样品	自旋晶格		
	C_1	$C_{3,5}$	$C_{2,6}$
	……		

此外，原文已说明“C_1，$C_{3,5}$，$C_{2,6}$”的含义为“自旋晶格”，因此表 2.8 中“C_1，$C_{3,5}$，$C_{2,6}$”的属性明确，可以不用第 1 层栏目“自旋晶格”来标识。

(2)辅助线的添加

一般栏目如能合理安排，应独立设置；当栏目表达的内容复杂、不能独立设置时，一个解决办法就是添加辅助线，设置为多层栏目。多层栏目间辅助线若添加不当，同样不能正确设置栏目。表2.9中第二层栏目“均值、标准差、……、极差”共同隶属于“$\nabla_d-\overline{\nabla}$的统计特征”，而栏目“相关系数”不隶属于“$\nabla_d-\overline{\nabla}$的统计特征”，因此，辅助线应添加在第二层栏目“均值、标准差、……、极差”与第一层栏目“$\nabla_d-\overline{\nabla}$的统计特征”之间，不能将辅助线随意延长到其他栏，而“相关系数”栏目属性明确，应独立设置，故表 2.9 栏目应改为表2.10 的形式。

表 2.9 各水闸设计水位与其多年平均最高水位比较统计表

水闸类型	设计水位∇_d与多年平均最高水位$\overline{\nabla}$差值$\nabla_d-\overline{\nabla}$的统计特征、$\nabla_d$与$\overline{\nabla}$的相关性						
	均值	标准差	变异系数	极大值	极小值	极差	相关系数
沿内河水闸	0.536 5	1.658 9	3.091 8	6.200 5	−2.877 4	9.077 9	0.986 1
沿黄海挡潮闸	1.311 2	0.519 5	0.396 2	2.691 5	0.470 0	1.621 5	0.983 0
沿长江挡潮闸	1.238 2	1.056 8	0.853 5	2.875 2	−0.681 5	3.556 7	0.787 0

表 2.10 各水闸设计水位(∇_d)与其多年平均最高水位($\overline{\nabla}$)差值的统计特征

水闸类型	$\nabla_d-\overline{\nabla}$的统计特征						∇_d与$\overline{\nabla}$的相关系数
	均值	标准差	变异系数	极大值	极小值	极差	
……							

三线表无论加多少条辅助线，仍称作三线表。需要强调的是，辅助线不能贯穿全表。表 2.11 中将三个双层栏目间的辅助线相连贯穿全表作为栏目线，而将真正的栏目线缺省，形成现在只有三条线的所谓的三线表，这是不正确的。根据辅助线添加等栏目设置的原则，表 2.11 的栏目应改为表 2.12 的形式。

表 2.11 1959—1991 年各界限温度的平均初、终日期及持续日数

站名	市气象站			新兴			白果坪		
界限温度	初日	终日	持续日数	初日	终日	持续日数	初日	终日	持续日数
0℃	1/1	29/12	358	6/1	30/12	357	11/3	28/11	253
5℃	12/2	18/2	305	23/2	9/12	285	13/3	26/11	253
10℃	19/3	17/11	246	24/3	8/11	224	14/4	26/10	254

表 2.12 1959—1991 年各界限温度的平均初、终日期及持续日数

界限温度/℃	市气象站			新兴			白果坪		
	初日	终日	持续日数	初日	终日	持续日数	初日	终日	持续日数
……									

(3)多层次栏目的设置

三线表的横向栏目不能缺少,栏目均应标明该栏信息的特征或属性、或存在的前提条件等。对于包含较多内容的表格需用多层栏目表达时,如何合理设置栏目、添加辅助线,仍是编辑工作中的难点。设置多层次栏目时,首先要考虑各层栏目之间关系的密切程度,使表格具有清晰的逻辑对比功能;同时还要考虑美化版面、节省版面的效果。

以表 2.13 为例,栏目设置存在以下几个问题:首先,栏目设置与表题不匹配。表题反映的信息"界限温度"、"保证率"、"初日"、"终日"没有设置相应的栏目与之匹配。其次,缺少横向栏目。表身反映了相应的内容,却没有相应的栏目标识。最后,栏目设置没有遵循表格竖读的原则。栏目"站名"是"市气象站、新兴、白果坪"的共同属性,"市气象站、新兴、白果坪"应放在栏目"站名"的竖向栏内,不能横向放置。因此,表 2.13 的栏目设置是错误的。

由于表 2.13 的表题反映的内容较多,单层栏目无法表示,只能设置为多层栏目。将表题先强调的三个气象站栏目"站名"单独设置,置于第 1 栏;将次强调的条件"保证率"单独设置,置于第 2 栏;"界限温度"与"初日"、"终日"关系最密切,独立设置时表格过长,不仅不简洁,而且不便于同类项的比较,因此应设置成多层栏目。因"界限温度"为"0℃,5℃"的共同属性,且有相同的单位"℃",所以将栏目"界限温度/℃"置于第一层,将数值"0"、"5"置于第二层,中间用一辅助线相隔;又因各界限温度下要区分"初日"、"终日”,所以将栏目“初日”、“终日”置于第三层,与每一界限温度之间各用一条辅助线相隔。这样表 2.13 栏目应设置成表 2.14 的形式。

表 2.13 三个气象站不同保证率对应的各界限温度的初、终日期

站名		市气象站		新兴		白果坪	
0℃	99	1/2	12/12	7/2	12/12	6/4	12/11
	95	1/1	31/12	6/2	25/12	1/4	16/11
	90	1/1	31/12	4/2	30/12	25/3	17/11
	80	1/1	31/12	7/1	30/12	21/3	25/11
	50	1/1	31/12	6/1	30/12	11/3	28/11
5℃	99	9/3	21/11	14/3	16/11	6/4	12/11
	95	3/3	29/11	11/3	20/11	31/3	14/11
	90	1/3	4/12	7/3	24/11	25/3	17/11
	80	26/2	7/12	26/2	30/11	22/3	21/11
	50	12/2	18/12	23/2	9/12	13/3	26/11

表 2.14 三个气象站不同保证率对应的各界限温度的初、终日期(月-日)

站名	保证率/%	界限温度/℃			
		0		5	
		初日	终日	初日	终日
市气象站	99	02-01	12-12	03-09	11-21
	95	01-01	12-31	03-03	11-29
	90	01-01	12-31	03-01	12-04
	80	01-01	12-31	02-26	12-07
	50	01-01	12-31	02-12	12-18
新兴	……				
白果坪	……				

2.5 时间表达方法

2.5.1 “协调世界时(UTC)”的正确表达

1884年,国际经度会议将地球表面按经线等分为24区,称为时区。即以本初子午线为基准,东西经度各7.5度的范围作为零时区,然后每隔15度为一时区。例如:以本初子午线东(西)经度7.5～22.5度的范围为东(西)一时区,东(西)经度22.5～37.5度的范围为东(西)二时区,依此类推。在每一时区内一律使用它的中央子午线上的时间,称为该区的“标准时”。每越过一区的界限,时间便差一小时。但是,时区的界限不是严格地规定为某一子午线,而是参考行政区来划分。“UTC”是协调世界时(Universal Time Coordinated)的英文缩写,表述的是零时区的一天中的时间,又称为世界标准时。我国首都北京位于东八时区,时间比“UTC”晚八个小时,也就是说,世界标准时00时,我国地方标准时间(北京时)为08时,北京时的英文缩写为“BST”(Beijing Standard Time)[22]。

随着我国科学事业的繁荣以及国际学术交流的日趋频繁,科学学术论文必然走向世界,与国际学术界进行交流。我们知道,高质量的学术成果往往需要实时观测资料作为基础,而观测资料的准确性、规范性(包括时间的描述)显得尤其重要。我们在编辑稿件时发现,部分论文对数据资料时间的描述不够规范。例如："世界标准时 00 时"被不规范地表示为"00GMT"或"00UTC"或"00 Z"（此处的数据元 00 与时区标志符 Z 之间不应有 1/2 的空格）。现简要分析如下：

(1)不能用"GMT"(Greenwich Mean Time)表示世界标准时。GB/T 7408—94 指出[23]，"GMT"是表述世界标准时的不正确表达方式。"GMT"是格林尼治平均时间，仅代表本初子午线上的时间，与"UTC"表示的世界标准时相比，虽然时间相同，但含义不同，不可等同使用。因此，论文中不应出现"00GMT"，正确表达应为"00Z"。

(2)不能用英文缩写名称代替时区(Time Zone)标志符"Z"，放于时间数据元之后。自 1924 年 2 月 5 日开始，格林尼治天文台每隔一小时通过无线电向全世界发放调时信息，"Z"在无线电联络中使用"Zulu"作代称，协调世界时也会被称为"Zulu time"。根据 GB/T 7408—94 规定，时区标志符是唯一的大写的"Z"，仅出现在以协调世界时表示一日的时间时。英文缩写名称"UTC"、"GMT"均不能替代之，也就是说，"00GMT"、"00UTC"应被正确地改写为"00Z"。

(3)数据元与时区标志符"Z"之间不能留有空格。根据 GB/T 7408—94 规定，时区标志符直接跟在时间数据元后面，中间没有间隔，即"00 Z"应改为"00Z"。

综上所述，气象科技论文中资料的时间应有"世界标准时"和"北京时"两种形式。如果表述不当，就会引起误解。按照国标要求书写，对于读者阅读和学术交流非常重要。

根据资料的来源，如用“UTC”表示一天的时间，唯一正确的表示方法是在时间数据元后紧跟时区标识符“Z”，中间不留空格；如用“北京时”表示，建议直接书写数据元，后无须加任何标志符，但应在第一次出现时用“(北京时)”注明，如“00(北京时，下同)”。

2.5.2 美国气象学会的要求

美国气象学会要求“时间、时区、日、月、年”的表达形式为“1619 UTC 26 May 1998”，不允许采用 GMT、Z 取代 UTC(与我国国家标准的要求不同)，允许采用其他时区标识，如 EST，EDT，PST，LST(local standard time)或 LT(local time)。目前，中国大气科学期刊多采用“UTC”来表示世界时。

2.5.3 图表标目的时间表达

(1)在图和表格中，作为表达时间概念的标目可以表达为如下形式：

年份(如:1950,1960,1970,…,2000)；

月份(如:1,2,3,…,12)；

日期(如:1,2,3,…,31)；

时刻(如:02,08,14,20,…)，标记为“北京时间”(BST)或“世界时”(UTC)或“当地时间”(LST)；

时间(如:时间/h,时间/a;t/h, t/a)；

(2)标目表达应力求正确

例如：

“日/月”应为“日期”；

“月/年”应为“月份”；

“时间”（坐标轴上给出的数字是 1980，1990，2000 等）应为“年份”；

“时间”（坐标轴上给出的数字是 1980-01，…，1980-12，1999-01）应为“月份”；

“时间”（坐标轴上给出的数字是 07-05，07-10，07-15 等）应为“日期”；

“时间”（坐标轴上给出的数字是 03T02，03T08，03T14 等）应为“北京时间”等。

2.6 作者工作单位的中英文写法

2.6.1 作者工作单位的写法及其注意事项

作者及作者单位是论文的有机组成部分，作者单位是作者的重要信息之一[1]。科技论文中作者单位的作用及规范化等问题已得到广泛深入的探讨。作者单位的作用主要有：便于读者与作者联系；是单位拥有该论文知识产权的声明；有助于扩大单位及其城市、国家的国际知名度和影响力；便于文献检索机构建立数据库，有利于开展情报检索和文献计量学研究。作者单位著录格式应遵循以下原则：简明、美观、便于检索。《中国学术期刊（光盘版）检索与评价数据规范》规定的格式值得推荐,即:注明所有作者单位全称、所在省市名及邮政编码,单位名称与省市名之间以逗号分隔;英文文章和英文摘要中的作者工作单位还应在省市名及邮政编码之后加列国名,其间以逗号分隔;整个项目用圆括号括起标注于作者姓名之下;不同工作单位的作者,应在姓名右上角加注不同的阿拉伯数字序号,且列出各自的工作单位,各工作单位之间连排时以分号隔开[24]。

对九种中文大气科学核心期刊[25]的作者单位进行分析后发现,由于科技论文专业性较强,作者大多来自于研究和业务部门。以大气科学核心期刊的作者为例,作者工作单位主要由中国气象局、高等院校、中国科学院三大部门组成(表2.7～2.10)。研究还发现,中文作者单位的写法存在如下一些问题:1)没有采用单位的全称。如“中国气象局气象科学研究院”简写为“气科院”、“中国科学院大气物理研究所”简写为“大气所”或“中科院大气所”。2)工作单位的主管单位写错。如“成都高原气象研究所”的主管单位就被错写成“四川省气象局”,其实中国气象局的“一院八所”为中国气象科学研究院、北京城市气象研究所、成都高原气象研究所、上海台风研究所、广州热带海洋气象研究所、兰州干旱气象研究所、乌鲁木齐沙漠气象研究所、武汉暴雨研究所和沈阳大气环境研究所,其中有七个研究所的地理位置不在北京市,但其主管单位是中国气象局。3)沿用旧机构名称。近几年高校、科研院所的机构整合、更名较频繁,单位名称变化较快,应及时更换单位名称,不应沿用旧机构名称。如“成都气象学院”更名为“成都信息工程学院”、“北京大学大气科学系”变更为“北京大学物理学院大气科学系”、“空军气象学院”变更为“解放军理工大学气象学院”、“南京气象学院”更名为“南京信息工程大学”。综上所述，作为编辑，应随时关注作者单位名称的变化，在不确定作者单位名称是否正确的情况下，应询问作者以及登陆相关网站核查。

目前，许多科技期刊刊有论文的英文摘要部分，其中包括作者的英文信息，因此，英文作者单位的规范化应受到足够重视。英文工作单位的书写规则为：1）单位及地名从小到大；2）添加国别名；3）省、市、街区英译时，采用汉语拼音地名写法；4）工作单位及其所在国别、省、市、街区名的英译名都采用全称，不得用简称。对九种大气科学核心期刊的调查结果显示，英文作者单位存在一些问题，应修改如下：1）不应只写缩写英文工作单位而不写其全称，如：CMA 应为 China Meteorological Administration，CAMS 应为 Chinese Academy of Meteorological Sciences，NUIST 应为 Nanjing University of Information Science and Technology，CUIT 应为 Chengdu University of Information Technology。面对广泛的国际学术交流，我国的一些高校、科研院所的国际知名度目前还未达到一提起英文首字母缩写就尽人皆知的地步。对照国外期刊做法，作者单位名用全称形式为好。2）要尊重作者工作单位的相对稳定并已形成特有表达习惯的英译名，如：北京大学应为 Peking University，河海大学应为 Hohai University，清华大学应为 Tsinghua University。3）按照《中国省、市、自治区代码、汉字简称及汉语拼音》规定，内蒙古自治区、陕西省的汉语拼音分别是 Nei Mongol、Shaanxi，如陕西省气象局应为 Shaanxi Meteorological Bureau。4)个别源自少数民族的地名仍采用习惯的英译名，不宜改为汉语拼音。如，内蒙古工业大学译为 Inner Mongolia Polytechnic University，内蒙古气象局译为 Inner Mongolia Meteorological Bureau，哈尔滨市气象局译为 Harbin Meteorological Bureau。

此外，高校的“学院”对应的英文词有 college，school，faculty，institute，如北京大学、清华大学的“学院”用“school”，南开大学、扬州大学的“学院”用“college”，解放军理工大学的“学院”用“institute”；而中国地质大学不同的“学院”采用了不同的译法，如“地球科学学院”用“Faculty of Earth Sciences”，“环境学院”用“School of Environmental Studies”，“地球物理与空间信息学院”用“Institute of Geophysics and Geomatics”，“外国语学院”用“College of Foreign Language”[26]。

2.6.2　中国气象局和相关科研院所、高等院校的英文写法示例

表 2.15　中国气象局有关单位的中英文写法

中文	英文
中国气象局 国家气象中心，北京 100081	National Meteorological Center, China Meteorological Administration, Beijing 100081, China
中国气象局 国家气候中心，北京 100081	National Climate Center, China Meteorological Administration, Beijing 100081, China

（续表）

中文	英文
中国气象局 国家卫星气象中心，北京 100081	National Satellite Meteorological Center, China Meteorological Administration, Beijing 100081, China
中国气象局 培训中心，北京 100081	China Meteorological Administration Training Center, Beijing 100081, China
中国气象科学研究院，北京 100081	Chinese Academy of Meteorological Sciences, Beijing 100081, China
中国气象局 成都高原气象研究所，成都 610072	Chengdu Institute of Plateau Meteorology, China Meteorological Administration, Chengdu 610072, China
中国气象局 北京城市气象研究所，北京 100089	Beijing Institute of Urban Meteorology, China Meteorological Administration, Beijing 100089, China
中国气象局 上海台风研究所，上海 200030	Shanghai Typhoon Institute, China Meteorological Administration, Shanghai 200030, China
中国气象局 广州热带海洋气象研究所，广州 510080	Guangzhou Institute of Tropical and Marine Meteorology, China Meteorological Administration, Guangzhou 510080, China
中国气象局 兰州干旱气象研究所，兰州 730020	Lanzhou Institute of Arid Meteorology, China Meteorological Administration, Lanzhou 730020, China
中国气象局 乌鲁木齐沙漠气象研究所，乌鲁木齐 830002	Urumqi Institute of Desert Meteorology, China Meteorological Administration, Urumqi 830002, China
中国气象局 武汉暴雨研究所，武汉 430074	Wuhan Institute of Heavy Rain, China Meteorological Administration, Wuhan 430074, China

（续表）

中文	英文
中国气象局 沈阳大气环境研究所，沈阳 110016	Shenyang Institute of Atmospheric Environment, China Meteorological Administration, Shenyang 110016, China
江苏省气象局，南京 210008	Jiangsu [Provincial] Meteorological Bureau, Nanjing 210008, China
内蒙古自治区气象局，呼和浩特 010051	Inner Mongolia [Autonomous Region] Meteorological Bureau, Huhhot 010051, China
陕西省气象局，西安 710015	Shaanxi [Provincial] Meteorological Bureau, Xi'an 710015, China
新疆自治区气象局，乌鲁木齐 830002	Xinjiang [Autonomous Region] Meteorological Bureau, Urumqi 830002, China

表 2.16 高等院校有关单位的中英文写法

中文	英文
南京大学 大气科学系，南京 210093	Department of Atmospheric Sciences, Nanjing University, Nanjing 210093, China
浙江大学 地球科学系，杭州 310027	Department of Earth Sciences, Zhejiang University, Hangzhou 310027, China
北京大学 物理学院 大气科学系，北京 100871	Department of Atmospheric Sciences, School of Physics, Peking University, Beijing 100871, China
云南大学 大气科学系，昆明 650091	Department of Atmospheric Sciences, Yunnan University, Kunming 650091, China

（续表）

中文	英文
中山大学 环境科学与工程学院大气科学系，广州 510275	Department of Atmospheric Sciences, School of Environmental Science and Engineering, Sun Yat-Sen University, Guangzhou 510275, China
兰州大学 大气科学学院，兰州 730000	College of Atmospheric Sciences, Lanzhou University, Lanzhou 730000, China
中国海洋大学 海洋环境学院，青岛 266003	College of Marine Environment, Ocean University of China, Qingdao 266003, China
成都信息工程学院 大气科学系，成都 610225	Department of Atmospheric Sciences, Chengdu University of Information Technology, Chengdu 610225, China
解放军理工大学 气象学院，南京 211101	Institute of Meteorology, PLA University of Science and Technology, Nanjing 211101, China
中国矿业大学 信息与电气工程学院，徐州 221008	School of Information and Electrical Engineering, China University of Mining and Technology, Xuzhou 221008, China
南京农业大学 农业资源与生态环境研究所，南京 210095	Institute of Resources, Ecosystem and Environment of Agriculture, Nanjing Agricultural University, Nanjing 210095, China
中国科学技术大学 地球与空间科学学院，合肥 230026	School of Earth and Space Sciences, University of Science and Technology of China, Hefei 230026, China

表 2.17 科研院所有关单位的中英文写法

中文	英文
中国科学院 大气物理研究所,北京 100029	Institute of Atmospheric Physics, Chinese Academy of Sciences, Beijing 100029, China
中国科学院 地理科学与资源研究所,北京 100101	Institute of Geographic Sciences and Natural Resources Research, Chinese Academy of Sciences, Beijing 100101, China
中国科学院 遥感应用研究所,北京 100101	Institute of Remote Sensing Applications, Chinese Academy of Sciences, Beijing 100101,China
中国科学院 南京地理与湖泊研究所,南京 210008	Nanjing Institute of Geography and Limnology, Chinese Academy of Sciences, Nanjing 210008,China
中国科学院 寒区旱区环境与工程研究所,兰州 730000	Cold and Arid Regions Environmental and Engineering Research Institute, Chinese Academy of Sciences, Lanzhou 730000, China
中国科学院 生态环境研究中心城市与区域生态国家重点实验室,北京 100085	State Key Laboratory of Urban and Regional Ecology, Research Center for Eco-Environmental Sciences, Chinese Academy of Sciences, Beijing 100085, China
中国环境科学研究院 大气环境研究所,北京 100012	Institute of Atmospheric Environment, Chinese Academy of Environment Sciences,Beijing 100012, China
江苏省农业科学院 农业资源与环境研究所,南京 210014	Institute of Agricultural Resources and Environment, Jiangsu Academy of Agricultural Sciences, Nanjing 210014, China
中国科学院 上海天文台,上海 200030	Shanghai Astronomical Observatory, Chinese Academy of Sciences, Shanghai 200030, China

表 2.18 南京信息工程大学有关单位的中英文写法

中文	英文
南京信息工程大学 大气科学学院，南京 210044	School of Atmospheric Sciences, Nanjing University of Information Science and Technology, Nanjing 210044, China
遥感学院	School of Remote Sensing
应用气象学院	School of Applied Meteorology
环境科学与工程学院	School of Environmental Science and Engineering
数理学院	School of Mathematics and Physics
成人教育学院	School of Adult Education
职业技术学院	School of Vocational Technology
语言文化学院	School of Language and Culture
经济管理学院	School of Economics and Management
公共管理学院	School of Public Administration
计算机与软件学院	School of Computer and Software
信息与控制学院	School of Information and Cybernetics
阅江书院	Yuejiang Academy
滨江学院	Binjiang School
体育部	Department of Physical Education
电子与信息工程学院	School of Electronic and Information Engineering
网络信息中心	Network Information Center
江苏省气象灾害重点实验室	Jiangsu Key Laboratory of Meteorological Disaster
中美合作遥感实验室	China-America Cooperative Remote Sensing Laboratory
大气物理与大气环境重点实验室	Key Laboratory of Atmospheric Physics and Environment (LAPE)

2.7 科学基金项目的著录

2.7.1 科学基金著录中的常见问题及解决办法

目前,绝大多数国内科技期刊均采用在论文篇首页地脚处著录基金资助项目的方式。我们调查九种大气科学类核心期刊(2005 年第 1 期)后发现,科学基金论文著录“基金项目”项情况总体良好,但仍存在一些问题。例如:基金论文不标注基金项目;虽然标注基金项目,却缺少项目编号,基金项目名称写法不规范,甚至错误。基金项目著录的正确、完整与否直接影响到期刊评价(基金论文比)、基金项目信息统计的准确性。为了杜绝此类问题的存在,建议采取以下措施[27]。

(1)项目管理部门加强监督

基金项目承担者的管理部门,在检查督促项目执行的同时,应经常向基金项目承担者宣传信息,将国家各级各类基金管理政策法规准确及时传达给他们,充分强调规范化意识,重视基金成果的标注工作,提高基金论文的标注率,为项目管理部门日后的一些统计评估工作提供方便,以便更好向国家自然科学基金委员会汇报工作。

国家自然科学基金委员会对科学基金项目实行统一的编号管理,每位号码都有其具体意义。仅从编号就能判断出该项目的归属、申请年份、类别及资助来源等。一旦编号漏标或出错，会给管理部门的统计工作带来错误信息，并影响科研成果的定量计算。

(2)项目承担者要准确著录基金项目

课题项目的承担者往往对基金项目的申请程序和注意事项比较重视，而对项目执行过程中的管理办法却缺乏深入细致的了解。在提交学术成果(论文)时，不太在意基金项目著录与否、正确与否，常常漏标或应付了事，使得项目管理部门在验收、鉴定课题时，缺乏足够多的可供统计的科研成果，反过来又会影响到项目承担者继续申请课题。因此，项目承担者要本着对自身负责的态度，思想上重视，及时、准确著录基金资助项目。

在部分高校学报中，研究生是学校发表科技论文的重要群体，通常是作为项目参与者按照项目承担者(指导老师)的要求完成论文，对基金论文信息的标注认识不足。此时，导师应告知相关信息，并对标注(基金项目名称、批准号)进行仔细核对，避免出错。

(3)编辑部要认真审核著录项目

科学基金论文对于评价论文的创新性和期刊的影响力十分重要。因此，作为《规范》[24]的执行部门，编辑部应在了解基金管理政策法规相关知识的基础上，主动向基金论文作者传达《规范》的要求，加大《规范》的执行力度，与作者共同协商、共同配合，准确标注基金项目。

基金项目的著录在论文中所占篇幅较小，但它传播的信息量很大。随着大量学术期刊入编“光盘版”和加入“中国期刊网”，为了准确统计基金项目信息，客观评价期刊，我们应重视基金项目的著录，按照《规范》和基金管理办法的要求规范著录基金项目，使其成为可检索、可利用的信息资源。

此外，基金项目著录还涉及“科技成果的保密”等问题，如有关国家机密的基金资助项目是不对外公开的，是否著录，应特别遵照基金资助方的管理办法处理[27]。

2.7.2 科学基金著录的举例

一般情况下，将基金资助项目的信息放在论文首页的脚注部分，举例如下：

(1)国家自然科学基金资助项目(40175023)

(2)国家自然科学基金重点资助项目(40331010)

(3)国家高新技术研究发展计划(863 计划)项目(2001AA248021)

(4)国家重点基础研究发展计划(973 计划)项目(2004CB418303)

(5)国家“九五”科技攻关计划项目(96-615-01-02)

(6)国家杰出青年科学基金资助项目(50225926)

(7)高等学校优秀青年教师教学科研奖励计划项目(20023834-3)

(8)教育部优秀青年教师资助计划项目(200240)

(9)教育部留学回国人员科研启动基金资助项目(教外司留[2005]546)

(10)国家教育部博士点基金资助项目(20050307024)

(11)中国科学院知识创新项目(KSCXZ-YW-N-037)

(12)中国科学院重点资助项目(KYS140102)

(13)江苏省自然科学基金资助项目(BK2004140)

(14)江苏省教育厅自然科学基金资助项目(01KJB170006)

(15)江苏省高校自然科学研究计划项目(02KJB170001)

(16)江苏省气象灾害重点实验室资助项目(KLME050304)

(17)南京信息工程大学科研基金资助项目(Y415)

(18)国家科技部科研院所社会公益研究专项资助项目(2004DIB5J192)

(19)农业部“八五”畜牧业重点科研项目(85-牧-06-01-02)

(20)“十一五”国家科技支撑计划(2006BAD09A08)

参考文献

[1] 陈浩元.科技书刊标准化 18 讲[M].北京:北京师范大学出版社,2000.

[2] 李兴昌.科技论文的规范表达[M].北京:清华大学出版社,1995:51-53.

[3] 倪东鸿,崔鹏程.重视科技论文中参考文献的著录[J].气象教育与科技,1997,**19**(2):26-27.

[4] 中华人民共和国国家质量监督检验检疫总局,中国国家标准化管理委员会.GB/T 7714—2005 文后参考文献著录规则[S].北京:中国标准出版社,2005.

[5] 倪东鸿.著录英文参考文献应注意的两类问题[J].编辑学刊,2001(6):54-55.

[6] 潘魏伟,孙国栋,宋静,等.大气科学类西文期刊刊名的缩写[J].气象,2008,**34**(5):108-112.

[7] 倪东鸿,王小曼,马奋华.著录外文参考文献的一个新问题[J].中国科技期刊研究,2004,**15**(4):496.

[8] 倪东鸿,毛善锋.10 类常见文后参考文献的著录格式及示例[J].中国科技期刊研究(投稿).

[9] 倪东鸿，王冰梅，宋静，等. 参考文献表中“论文集中析出文献”的著录——兼与美国气象学会的要求做比较[J]. 中国科技期刊研究，2008.
[10] GB 3101—93，有关量、单位和符号的一般原则[S].
[11] 倪东鸿. 大气科学论著中如何规范表达温度等量的符号[J]. 编辑学报，2002，**14**(5)：354-355.
[12] 倪东鸿，马奋华，王小曼. 大气科学类论文的撰写、投稿和修改[J]. 南京气象学院学报，2004，**27**(5)：707-716.
[13] 倪东鸿，闵锦忠. 大气科学论著中“量”的运算和“单位”的变化[J]. 南京气象学院学报，2004，**27**(2)：238-243.
[14] 倪东鸿. 科技期刊插图的制作[J]. 气象教育与科技，2003，**25**(1)：41-45.
[15] 毛善锋. 插图与正文保持字体一致的实用方法[J]. 中国科技期刊研究(投稿).
[16] 倪东鸿，马奋华，冯怀莹，等. 科技论文中插图的数字应大小合适[J]. 气象教育与科技，2007，**30**(1)：53-56.
[17] 柏晶瑜，史锐. GrADS 插图处理过程中的一个技巧[J]. 中国科技期刊研究，2006，**17**(3)：439-440.
[18] 倪东鸿，刘洪韬，冯怀莹，等. 大气科学类科技期刊插图质量的调查和分析[J]. 气象教育与科技，2004，**26**(3/4)：37-40.
[19] 倪东鸿，毛善锋，田敬生. 正确撰写科技论文插图的图题[J]. 气象与减灾研究，2007，**17**(4)：439-440.
[20] 倪东鸿，马奋华，王小曼，等. 正确绘制科技论文中有中国地图的插图[J]. 中国科技期刊研究，2006，**17**(5)：844.
[21] 马奋华，倪东鸿，王小曼，等. 三线表设计中栏目设置的探讨[J]. 中国科技期刊研究，2005，**16**(6)：929-931.
[22] 王小曼，倪东鸿，马奋华，等. “世界协调时(UTC)”的正确表达[J]. 中国科技期刊研究，2005，**16**(2)：256.
[23] GB/T 7408—94 数据元和交换格式 信息交换 日期和时间表示法[S].
[24] CAJ-CD B/T 1—1998. 中国学术期刊(光盘版)检索与评价数据规范[S].
[25] 戴龙基，蔡蓉华，武振江，等. 中文核心期刊要目总览[M]. 4 版. 北京：北京大学出版社，2004：**45**.
[26] 潘魏伟，王冰梅，王小曼，等. 气象科技论文中作者单位的中英文写法[J]. 气象教育与科技，2007，**30**(4)：35-40.
[27] 王小曼，倪东鸿，马奋华. 科技期刊中基金论文信息的著录[J]. 科技与出版，2005(5)：56.

3　英文缩略词和英文词缀

缩略词因其文字简明、表达准确、易于交流而在科技论文中得到广泛使用[1,2]。大气科学论文的英文缩略词使用频率较高，其中既有公知共用的标准缩略词，也有大量非公知共用的一般缩略词。规范地表达这些英文缩略词，不仅使文句简明、便于阅读，而且有利于大气科学信息的准确传播和交流。根据美国气象学会有关缩略词的用法[3]，给出了常见的标准缩略词表(表 3.1～3.3)如下，便于作者、读者、编者参考。此外，这里对一般缩略词、英文数字以及英文词缀的规范使用也进行了简要讨论，并给出实例，以便参考[4]。

3.1　标准缩略词

科技论文通常包含了大量的缩略词，其中有些缩略词已被普遍使用，达到公知共用的程度，因此，它们在文中出现时就不必作详细解释了，即不必给出全称。表 3.1 列出了部分标准缩略词，它们在大气科学论文中不需要给出全称。需要指出的是，这里所述标准缩略词并非全部适用于中文期刊，部分标准缩略词仅限于在英文期刊或中文期刊的英文叙述部分中使用。

表 3.1 大气科学论文中常见且无须定义的标准缩略词及其中文译名

英文全称	标准缩略词	中文译名
above sea level	ASL	海拔[高度]
acoustic Doppler current profiler	ADCP	声学多普勒流体廓线仪
alternating current	ac	交流电
atmospheric boundary layer	ABL	大气边界层
atmospheric general circulation model	AGCM	大气环流模式
bathythermograph (expendable bathythermograph)	BT (XBT)	温深仪，深水温度仪(投弃式温深仪)
before present	BP	距今
clear-air turbulence	CAT	晴空湍流
conditional instability of the second kind	CISK	第二类条件[性]不稳定
conductivity-temperature-depth profiler	CTD	电导率—温度—水深廓线仪
constant altitude plan position indicator	CAPPI	等高平面位置显示器
convective available potential energy	CAPE	对流有效位能，对流可用位能
convective boundary layer	CBL	对流边界层
direct current	dc	直流电
electromotive force	emf	电动势
El Nino-Southern Oscillation	ENSO	恩索(厄尔尼诺—南方涛动)
empirical orthogonal function	EOF	经验正交函数，自然正交函数
error function	erf	误差函数

（续表）

英文全称	标准缩略词	中文译名
extreme ultraviolet	EUV	极端紫外线
fast Fourier transform	FFT	快速傅里叶变换
frequency modulation	FM	调频
general circulation model	GCM	大气环流模式
geographical information system	GIS	地理信息系统
Global Atmospheric Research Program	GARP	全球大气研究计划
global positioning system	GPS	全球定位系统
high frequency	HF	高频
imaginary part	Im	虚部
infrared	IR	红外线
International Geophysical Year	IGY	国际地球物理年
intertropical convergence zone	ITCZ	热带辐合带
latitude	lat	纬度
left-hand side	lhs	左侧
level of free convection	LFC	自由对流高度
lifting condensation level	LCL	抬升凝结高度
liquid water content	LWC	液态水含量
liquid water path	LWP	液态水光程
local standard time	LST	地方标准时
local time	LT	地方时
longitude	lon	经度
Madden-Julian oscillation	MJO	马登一朱利安振荡，M-J 振荡
minute	min	分，分钟
molecular weight	mol wt	分子量
Northern Hemisphere	NH	北半球
number	No.	数，数字，数量，号码
numerical weather prediction	NWP	数值天气预报

（续表）

英文全称	标准缩略词	中文译名
oceanic general circulation model	OGCM	海洋环流模式
ordinary differential equation	ODE	常微分方程
partial differential equation	PDE	偏微分方程
parts per billion	ppb	十亿分率(10^{-9})
parts per million	ppm	百万分率(10^{-6})
parts per million by volume	ppmv	体积百万分率(10^{-6}体积分数)
planetary boundary layer	PBL	行星边界层
practical salinity unit	psu	实用盐度单位
pulse repetition frequency	PRF	脉冲重复频率
pulse repetition time	PRT	脉冲重复时间
opposite of SOFAR	RAFOS	测声导航系统
range—height indicator	RHI	距离高度显示器
real part	Re	实部
relative humidity	RH	相对湿度
right-hand side	rhs	右侧
root-mean-square	rms	均方根
root-mean-square error	rmse	均方根误差，标准差
sea surface temperature	SST	海面温度
sound fixing and ranging	SOFAR	声发（声定位测距仪）
Southern Hemisphere	SH	南半球
standard deviation	std dev	标准偏差，标准差
standard temperature and pressure	STP	标准温压
three-dimensional	3D	三维
two-dimensional	2D	二维
ultrahigh-frequency	UHF	超高频(300～3 000 MHz)

（续表）

英文全称	标准缩略词	中文译名
ultraviolet	UV	紫外线
coordinated universal time	UTC	协调世界时
versus	vs	对
with respect to	w. r. t.	关于，至于
year	yr	年

表 3.2 给出了可能用于脚注、图、表的术语缩略词的首选形式。它们在被使用时不需要提供额外的定义，除非使用它们时上下文的意思可能存在含糊或者混乱。此外，月份的缩写应使用它们的三个字母缩写形式，如 Jul.、Aug.、Feb.；美国州名缩写应采用两个字母的邮政缩写形式，如 WA(Washington，华盛顿)、UT(Utah，尤他)(详见附表 5)。

表 3.2 经常用于脚注、图、表的术语的首选缩略词及中文含义

英文术语	缩略词	中文含义	英文术语	缩略词	中文含义
altitude	alt	高度	experiment(al)	expt	实验(的)
approximate	approx	近似的	laboratory	lab	实验室
atmosphere	atm	大气	maximum	max	最大，最高，极大
average	avg	平均	minimum	min	最小，最低，极小
calculated	calc	计算出的	observed	obs	观测的
coefficient	coef	系数	standard	std	①标准②标准的
constant	const	常数	theory, theoretical	theor	理论，理论的
deviation	dev	偏差	total	tot	总的
diameter	diam	直径	volume	vol	容积，体积
difference	diff	差额，差分	weight	wt	重量
elevation	elev	[拔海]高度			

表3.3列出了一些行政机构的缩略词,它们在文中特别是在摘要中使用时不需要进行详细的解释。

表3.3 行政机构的缩略名、全称及中文译名

缩略名	全称名	中文译名
AMS	American Meteorological Society	美国气象学会
CSIRO	Commonwealth Scientific and Industrial Research Organization	澳大利亚联邦科学和工业研究组织
ECMWF	European Center for Medium-range Weather Forecasts	欧洲中期天气预报中心
GFDL	Geophysical Fluid Dynamics Laboratory	地球物理流体动力学实验室(美国)
GISS	Goddard Institute for Space Studies	戈达德空间科学研究所
NASA	National Aeronautics and Space Administration	美国国家航空和航天局(或美国宇航局)
NCAR	National Center for Atmospheric Research	国家大气研究中心(美国)
NCEP	National Centers for Environmental Prediction	美国国家环境预报中心
NOAA	National Oceanic and Atmospheric Administration	[美国]国家海洋大气局
NSSL	National Severe Storms Laboratory	国家强风暴实验室(NOAA)
NWSC	National Weather Satellite Center	国家气象卫星中心(美国)
WMO	World Meteorological Organization	世界气象组织

一般情况下,用于计算机术语的缩略词在首次使用时应该被定义,例如 hierarchical data format (HDF,分级数据格式)。但是,有许多缩略词的使用非常普通,因此它们在论文中不要求作详细解释,例如 CDROM、CPU、DOS、

FTP、OS/2、RAM、ROM、TCP/IP、UNIX 和 IT。

3.2 一般缩略词和英文数字

除标准的英文缩略词(如表 3.1～3.3 所示)外,一般英文缩略词(包括大多数缩略词和首字母缩写词)因其非公知共用性而应在文中首次使用时被定义,即书写全称,并用圆括号注明缩略词以及中文名称(仅限于中文期刊的中文叙述部分),如:National Climatic Data Center (NCDC,美国国家气候资料中心),Pacific decadal oscillation (PDO,太平洋年代际振荡)。在文献的二级信息源(如 MGA,即 Meteorological & Geoastrophysical Abstracts,气象和地球天体物理学文摘数据库)中,由于摘要要从文章中被单独分离出来使用,所以一般缩略词在摘要和正文首次出现时应分别被定义,这些缩略词在其后使用中就不需作进一步解释了。如果一篇文章中有较多缩略词时,则应列出附录,相应地给出缩略词的全称,这样方便读者阅读。一般情况下,论文的题名应避免出现缩略词,只有非常著名的且已经确定的缩略词如 NASA、CISK 或 GFDL 等才可以在论文的题名中使用。此外,作者的工作单位、摘要和关键词中也应尽可能不出现缩略词。

在英文书刊的正文中,9 以下的数字应用英文拼写出来,10 及其以上数字应采用数字形式。但是,以下情况属于例外:当一个句子中既有大于 9 又有小于等于 9 的数字时，应该全部使用数字形式，例如采用“3 out of 14 cases”而不采用“three out of 14 cases”。如果数字位于句子的开头，则应用英文拼写出来。对于 second 和 third 这样的序数数字，用在数字中时应采用单独的“d”来表达（例如，22nd 或 23rd）；对于 10th 以下的序数数字通常用英文拼写出来。

3.3 英文词缀

英语词缀是英语形态构词中的一种黏附语素，不能独立使用，不表示词汇意义，只表示附加意义和语法意义。在科技英语中，前缀、后缀以及连字符应用广泛，但有时还存在词缀不当问题。根据美国气象学会给出的大气科学论文中常见英文词缀及用法[3]，表3.4给出了常见大气科学英文词汇的前缀和后缀，及其含义、用法和实例，供作者、编者参考。

表 3.4　常见大气科学英文词汇的前缀和后缀及其应用实例

词缀	含义	用法	实例
anti	反对；抵抗；排斥	无连字符连接。	anticyclonic 反气旋的
bi	双；二	无连字符连接。	biweekly 两周的；bispectral 双阶谱的；bilinear 双线性的
co	联合；伴同	无连字符连接。大多数情况如此，但应以字典为准。	covariance 协方差
counter	反；相对当	无连字符连接。	countercurrent①逆流②反向电流

（续表）

词缀	含义	用法	实例
cross	横过；相反；十字记号；十字形	可以无连字符连接、分开或以连字符连接。具体见字典。	crosscurrent 反向气流；cross section 剖面，截面；cross-spectrum 互谱；cross-equatorial flow 越赤道气流
high-	高	作为复合形容词的一部分时，应以连字符连接。	high-density fluid 高密度流；high-latitude stress 高纬度应力
inter	在一起；交互	无连字符连接。但 inter-monthly（月际的）例外。	interaction 相互作用；interannual 年际的；interdecadal 年代际的；interdiurnal 日际的；international 国际的
-layer	层	作为复合形容词的一部分时，应以连字符连接。	cloud-layer winds 云层风；inversion-layer thickness 逆温层厚度
-level	高度	作为复合形容词的一部分时，应以连字符连接。	low-level winds 低空风；freezing-level temperature 冻结高度温度
low-	低	作为复合形容词的一部分时，应以连字符连接。	low-level winds 低空风；low-frequency oscillation 低频振荡
meso	中间；中央	无连字符连接。	mesoscale 中尺度；mesometeorology 中尺度气象学
mid	中；中部	无连字符连接。	midday 正午；midlatitude 中纬度；midlevel 中层（注意：这里取代了-level 后缀的规则）

（续表）

词缀	含义	用法	实例
middle	中；中部	作为复合形容词的一部分时，应以连字符连接，但是通常使用“mid”并且无连字符连接（用 midlatitude，而不是 middle-latitude）。	middle-ocean current 洋中流
multi	多	无连字符连接。	multigrid 多重网格；multimedia 多媒体；multilevel 多层（注意：这里取代了-level 后缀的规则）
non	无；不；非	无连字符连接。	nonlinear 非线性的；nonzero 非零的
over	①在上；外；优越；杰出②过度；太多③使低于；降服④横过；越过	无连字符连接。	overrunning cold front 上滑冷锋；overestimate 估计过高；overrelax 超松弛
post	在后	无连字符连接。	postfrontal 锋后的
pre	在…先；前；预先	无连字符连接。	prefrontal 锋前的；preestablish 预定
pseudo	伪；拟；假；极端相似	无连字符连接。	pseudoadiabatic 假绝热[的]；pseudogeostrophic 准地转的
quasi-	类似；准；半	在修饰结构中使用时，以连字符连接。但是，在名词结构中作为单独的词汇来使用时应分开，如：the cloud mass formed a quasi cluster。	quasi-periodic time series 准周期时间序列；quasi-nondivergence 准无辐散

（续表）

词缀	含义	用法	实例
re	① 又；再；屡；重；反复 ② 还；返；互 ③ 反对；反抗；逆	无连字符连接。	redevelop 再开发，恢复；reexamination 复试；recycled water 再循环水
self-	自；关于自己的；由自己发出的	以连字符连接。	self-regulating 自动调节的；self-heating 自热；self-organization 自组织
semi	①半 ②不完全地；部分地 ③次于	无连字符连接。但 semi-implicit（半隐式的）例外。	semiannual 半年的；semigeostrophic 半地转的
super	①在上；在…之上 ②加之；更 ③超过；过度 ④绝伦；最高 ⑤次一等；副的	无连字符连接。	supercell 超单体；superheating 过热的；supersaturation 过饱和的
upper-	较高	在修饰结构中使用时，以连字符连接。	upper-tropospheric temperature 对流层上部温度；upper-level wind 高空风

参考文献

[1] 陈浩元. 科技期刊标准化 18 讲[M]. 北京：北京师范大学出版社，2000：72.

[2] 马奋华，冯怀莹，倪东鸿，等. 科技期刊中缩写的应用[J]. 中国科技期刊研究，2006，**17**(1)：151-153.

[3] AMS (American Meteorological Society) Publications Department. Authors' Guide: Fourth Edition [EB/OL]. (2006-02-22) [2007-03-26]. http://www.ametsoc.org/pubs/Authorsguide/pdf_vs/authguide.pdf.

[4] 倪东鸿，王冰梅，宋静，等. 大气科学论文英文缩略词的用法[J]. 气象科学，2008.

4 科技论文摘要的写作

摘要是科技论文的重要组成部分，历来倍受期刊编辑的高度重视[1,2]，国家及相关部门也制定了相应的标准加以规范[3~6]。摘要是指以提供文献内容梗概为目的、不加评论和补充解释，简明、确切地记述文献重要内容的短文[1]。摘要作为对研究论文正文的精练概括，便于读者在最短的时间内了解全文内容。随着国际检索系统的出现，摘要逐渐成为一种信息高度密集的相对独立文体，为人们在浩如烟海的文献中寻找所需要的信息提供便利。随着二次文献数据库的普及以及全球科学技术界对科技信息日益增长的需求和重视，论文摘要的受关注率比论文本身要大数十倍甚至数百倍。为此，一篇论文能否得到重视，能否把科研成果准确地传播出去，能否被更多重要的数据库收录，摘要的内容和质量起很大作用[7]。

4.1 摘要的功能

(1)方便、吸引读者阅读。阅读摘要已经成为读者获取知识和信息的重要一步，广大读者一般都是通过检索和阅读论文的摘要来进行判断该论文的质量高低和可读性，决定是否继续阅读论文的其他部分，所以摘要供读者在最短的时间内确定有无阅读全文的必要。

(2)报道、检索作用。世界科技文献的数量呈指数规律增长，任何人都不可能逐篇阅读这些文献，文摘杂志的刊登和数据库的收录将科学研究的新发现、新成果，及时、系统地报道出来，为科技工作者尽快了解科研动态、借鉴经验、制订计划提供了极大的方便，从而节省大量的时间和精力。

(3)为科技情报人员加工和计算机检索提供方便。作者自己撰写的摘要，检索机构可以直接采用或只需进行一点简单的加工，避免由文摘员编写摘要可能产生的误解和欠缺。

(4)英文摘要还可扩大对外学术交流，有助于提高国际影响力[8～11]。

4.2 摘要的类型

根据基本内容，摘要大致可分为以下三类[1]：

(1) 报道性摘要。全面、简明地概括论文，尽量提供定性或定量信息，一般在 300 字左右。由于报道性摘要信息密度大，内容完整，阅读摘要可以部分地取代阅读全文。凡是在内容上具有独创性和前沿性的学术论文，都适宜写成报道性摘要。

(2) 指示性摘要。以简短的语言概括论文的主题及取得的成果，使读者对论文的主要内容有一个轮廓性的了解，一般在 100 字左右，多用于简报、综述、会议报告等。

(3) 报道－指示性摘要。以报道性摘要的形式表述论文中信息价值较高的部分，以指示性摘要的形式表述其余部分。一般在 200 字左右。

学术性期刊或论文集论文多写成报道性摘要，综述类文章可撰写成指示性摘要。

此外，生物医学科技论文的中英文摘要一般采用结构式摘要（即四要素）[12～15]。结构式摘要（structured abstract）又称多信息摘要（more informative abstract），是由加拿大 McMaster 大学临床流行病学和生物统计学教授 R Brain Haynes 博士于 1987 年 4 月首先建立的。同时，美国《内科学纪事》（Annals of Internal Medicine，Ann. Intern. Med.）于 1987 年在国际上率先应用结构式摘要。迄今为止，世界上生物医学期刊应用结构式摘要已成推广之势。其具体层次为：目的、方法、结果和结论。具体要求为：a. 目的——需与正文前言相一致，与结论相呼应；b. 方法——需包括文中所使用的主要方法的名称、病例（动物）数和必要的分组情况；c. 结果——与研究结论相关的主要结果及数据、统计学意义均应列出，并与文内核实无误；d. 结论——需与研究目的相呼应；e. 中文摘要一般在 300 字以内，英文则与之相对应。

采用结构式摘要的好处：内容完整、重点突出、信息量大、观点明确、层次清楚、条理分明，有利于科技信息的检索和加工，也便于专家审稿；缺点：硬性分层、逻辑性差、占篇幅增多。

4.3　摘要的基本要素

摘要的基本要素包括研究的目的、方法、结果和结论，有时也包括一些虽不属于研究、研制、调查的主要目的，但有重要价值的信息。主要包括[4]：

目的——研究、研制、调查等的前提、目的和任务，所涉及的主题范围及作者写作意图。

方法——所用的原理、理论、条件、对象、材料、工艺、结构、手段、装备、程序等。

结果——实验、研究的结果、数据，被确定的关系，观察结果，得到的效果、性能等。

结论（讨论）——结果的分析、研究、比较、评价、应用，提出的问题或今后的课题，建议、预测等。

4.4　摘要与文摘、结论、引言的关系

(1)摘要与文摘

摘要是一次文献。它以新的形式复述一篇论文中突出的调查研究结果和结论。文摘是独立自含的二次文献。它是一篇论文的简明而准确的代表，其内容按思路概括。科技情报中使用的文摘是严格意义的文摘。它不同于《新华文摘》，那些摘录突出原始文献中有意义的论点但未必是原

始文献布局协调的代表[16]。

(2)摘要与结论

在科技论文编写格式标准化的要求下，摘要和结论成为科技论文写作中不可缺少的两个部分。摘要是对原文内容准确、扼要而不附加解释或评论的简要陈述。摘要的内容包括研究目的、方法、结果及结论等主要信息。显然，摘要中含有结论的内容，也就是说摘要和结论在内容上有一定程度的重复和交叉，但这并不等于说摘要可以代替结论，因为二者的作用不同。摘要在结论基础上有创新，非简单重复。

(3)摘要与引言

引言的作用是，用简练的语言概述该文研究问题的内容、背景以及该文作者在研究中所作的工作。在摘要中偏重于背景介绍等本应是引言的内容是很不恰当的。摘要应杜绝背景信息，正面阐述目的、过程和方法、结果、结论。

4.5 摘要的具体撰写要求

摘要的总体要求是简短、精炼、完整、逻辑性强、忠实于原文[17,18]。

(1)摘要应具有独立性和自明性，即不阅读文献的全文，就能获得必要的信息，包括目的、方法、结果和结论。

(2)对论文内容不加评论，不解释文题。

(3)排除在本学科领域方面已成为常识的或科普知识

的内容。

(4)要客观如实地反映原文的内容,要着重反映论文的新内容和作者特别强调的观点。

(5)用第三人称。作为一种可阅读和检索的独立使用的文体,摘要只能用第三人称而不用其他人称来写。有的摘要出现了“我们”、“作者”、“本文”作为摘要陈述的主语,一般来讲,这会减弱要表述内容的客观性,有时也会出现逻辑错误。

(6)要求结构严谨、语意确切、表述简明、一般不分段落;切忌发出空洞的评语,不作模棱两可的结论。

(7)要采用规范化的名词术语,不用非公知共用的符号及名词术语。

(8)不使用图、表或化学结构式,以及相邻专业的读者尚难以清楚理解的缩略语、简称、代号。如果确有必要,在摘要中首次出现时必须加以说明。

(9)不得使用文中列出的章节号、图表号、公式号以及参考文献号。

(10)要求使用法定计量单位以及正确地书写规范字和标点符号。

(11)众所周知的国家、机构、专用术语尽可能用简称或缩写。

(12)中文摘要要求一般为 200～300 字。英文摘要不宜超过 250 个实词,要用过去时态叙述作者工作,现在时态叙述作者结论。

4.6　摘要写作中常出现的问题

(1)结构要素残缺。对摘要的重要性认识不足,没有按照摘要应具有的基本要素去认真撰写,结构要素残缺,大大减少了摘要的信息量,无法满足读者获得必要信息的要求,也不利于二次文献的检索和利用,因而必须加以避免。

(2)对论文内容加以评论。国际标准和国家标准对摘要的界定中都明确要求摘要"不加解释或评论",但有些作者并不了解撰写摘要的这一要求,经常使用"奠定了理论基础"、"找到了可靠的依据"、"具有极为重要的参考价值"等评价性语言。

例1　题名:关于齐线性微分方程组降价定理的证明

摘要:以变量代换为工具,利用高等代数的知识,证明了齐线性微分方程组的降价定理,给出了一种实际的解题方法。因此,这个结论的证明不仅具有一定的理论意义,而且在做题过程中也具有重要的指导意义。

该摘要中"具有一定的理论意义"和"具有重要的指导意义"两句话是对该论文内容所作出的评论,不符合摘要写作的要求。

(3)解释文题。许多学术论文摘要是对文题的解释,信息价值低,可读性差。主要原因在于简单重复文题已有的信息,忽视了对摘要结构四要素即目的、方法、结果、结论的表述,使摘要形同虚设,失去了应有的作用。

例 2　题名：计算机病毒一般机理的分析与杀除

摘要：以 DOS 环境下的文件型病毒为对象，分析计算机病毒的工作机理及杀除方法，为用户自己杀毒提供参考。

该摘要只是简单重复文题已有的信息，而对于文题中所蕴含的实质性内容即论文要解决的问题却避而不谈，不能为读者提供必要的信息，因而不能称之为摘要。

(4)语言不够精炼，逻辑性不强。由于学术论文摘要的特殊功能，要求作者在撰写摘要时必须注意语言的精确、简练和逻辑性，以免使读者陷入众多的非信息成分的干扰之中，造成理解上的失误，从而影响其进一步阅读全文的兴趣。

例 3　题名：新兴地方高校学报编辑特色初探——兼论《×××学报》创刊号编辑特征

摘要：本文结合《×××学报》创刊号编辑出版的实践，对新兴地方高校学报的编辑特色进行了探讨。文章首先对新兴地方高校诞生的背景、办学指导思想、办学方针及办学模式进行分析研究，并概述了新兴地方高校的特点。在此基础上作者对新兴地方高校学报进行了剖析，认为新兴地方高校具有明显的地方性、应用性、实效性、国际性等特色；只要办出新兴地方高校学报的特色，那么新兴地方高校学报在全国高校学报界就有生命力和立足之地。

该摘要开头一句完全是多余的，纯粹是文题的翻版。第二句开头“文章”二字也应删除。“首先”之类用以标明论述序次的词语在摘要中也应避免出现。最后一句的预示或展望，没有丝毫信息价值。由此可见，此摘要真正的实质性内容还不足整个篇幅的一半，并且被混杂在大量的非信息成分之中造成片面，这样的摘要是不完整的，也是不全面的。

(5)摘要的内容超出论文的信息量。由于种种原因，摘要中出现了没有经过正文论证的结果、结论，编辑加工时务必提醒作者删除[19]。

4.7 写好论文摘要的注意事项

作者撰写好摘要是基础，编辑加工提高质量是锦上添花[20,21]。

(1)编辑要加强对摘要的加工力度。编辑首先应不断学习摘要的规范化格式，这样在加工时，才能指出摘要的缺陷所在，并指导作者修改。

(2)编辑应积极宣传、普及摘要的有关知识，让作者了解摘要的重要性和写作方法。作者是论文摘要的最初撰写者，许多摘要不合乎要求，主要是作者对论文摘要的重视不够，缺乏相关知识，没有掌握摘要的撰写方法。编辑应与作者积极沟通，想办法让作者乐于接受编辑的观点、积极修改，提供合格的摘要，是编辑的一项重要工作，比简单加工摘要更加重要。事实证明：在编辑的积极、热心的引导、帮助下，作者一定能提供规范的摘要。

教会作者撰写摘要，比编辑加工意义更大，即授之以鱼——“好摘要”，不若授之以渔——“如何写好摘要”。

(3)复核摘要，严格把关。作者和编辑部应对摘要加以复核，以便校正在浓缩进程中容易造成的有损论文原文的差错，注意复核摘要内容的准确性和完整性，在复核工作中，应依照有关规范严格把关，注意“四要，四不要，四要素”的十二字原则，即要客观真实地反映原文的内容；要结构严谨，语义确切，逻辑清晰、言简意赅；要重点反映新内容和新观点；要排除在本学科领域中已经成为常识性和科普性的内容。不要简单地重复标题中已有的信息；不要简单地重复论文中的全部结论；不要夸大附带信息的重要性；不要分段落和使用第一人称。四要素即目的、方法、结果、结论。

(4)英文摘要务必请英文编辑(专家)把关。

4.8 英文摘要的写作

(1)英文摘要是在中文摘要的基础上加工而成的独立短文。适用于中文摘要的要求同样适用于英文摘要。

(2)写好英文摘要的意义[22]

a. 随着全文检索光盘的出现、期刊上网，摘要吸引读者和介绍文章内容的功能越来越明显。

b. 方便、吸引国际文献检系统收录(如 EI(Engineering Index，工程索引)，SCI(Science Citation Index，科学引文索引)，ISTP(Index to Scientific & Technical Proceeding，科学技术会议录索引)，CA(Chemical Abstracts，化学文摘)，

SA(Science Abstracts,科学文摘)等)。文章水平再高,摘要内容空泛,EI 等文摘和数据库也不会收录,更不能激发读者阅读全文的兴趣。

c. 扩大对外学术交流,有助于提高作者和期刊的国际影响力。

(3)撰写英文摘要的要求[23,24]

国际重要检索系统在英语科技论文收录过程中,把论文摘要视作极其重要的部分。例如,EI Compendex 就是通过英文摘要和关键词来确认论文的收录。为便于检索和收录,EI 对论文作者确定了如下几项摘要撰写规则:

a. 取消背景性情况介绍;取消对既有研究情况的陈述;仅限于表达新的研究进展信息。

b. 用重要的事实开头,尽量避免用辅助从句开头。

c. 在时态上,用过去式叙述作者的工作,用现在式叙述作者的结论。

d. 在语态上,尽量用主动语态代替被动语态。

e. 措词上需要简化;不使用重复单元词汇。

f. 注意冠词使用上泛指与特指的区分。

《EI》中国信息部要求信息性文摘(Information Abstract)应该用简洁、明确的语言(一般不超过 150 words)将论文的"目的",主要的研究"过程"及所采用的"方法",由此得到的主要"结果"和得出的重要"结论"表达清楚。目的——What I want to do? 过程与方法——How I did it? 结果和结论——What results did I get and what conclusions can I draw?

著名国际学术机构 AIP（美国物理联合会）也作出相应规定：摘要中不使用第一人称；语句结构上主谓尽量靠近；摘要中不要出现图、表、公式及参考文献；如果文题包含缩略语无法标明全称时，摘要中出现相同缩略语则必须标明全称，且尽量少用新的缩略语。

(4)举例[25]

a. 措辞用法

尽量简化一些措辞和重复的单元，如：不用 at a temperature of 250 ℃ to 300 ℃，而用 at 250～300 ℃；不用 at a high temperature of 1 500 ℃，而用 at 1 500 ℃。

b. 时态用法

用过去时态叙述作者工作，用现在时态叙述作者结论：如“The structure of dislocation cores in GaP was investigated by weak-beam electron microscopy. The dislocations are dissociated in to two Shokley partials with separations of 80＋10 and 40＋10 A in the pure edge and screw cases respectively. The results show that…”

c. 冠词与名词的单复数

因为汉语中没有冠词，汉语名词没有单复数，冠词缺略和名词的单复数使用不当是最为常见的错误。这样的稿件中国人读起来问题不大，因为习惯这样思维，但外国人会觉得含混不清。下面的例子就是一句典型的中式英文：

Experiment in South China adopted advanced sounding

instrument such as gradient observation tower, airplane, captive balloon, SAT and new developed sodar.（华南实验中采用了先进的探测仪器，例如梯度观测塔、探测飞机、系流气球、声学风温仪以及新研制的声达系统等。）

句中既不用冠词，也不用单复数，使人看起来不知是在泛泛而谈，还是指某一次或几次试验，在正式出版物中这样不明确的句子是不能接受的。从上下文看，试验中使用的设备有多套，也有单套，所以，句子中专有名词“South China”、复数名词“captive balloons”和缩写词“SATs”前不加冠词，其他名词前均应有冠词。只要稍作改进，句子意思就明确了：

The experiment in China adopted such advanced sounding instruments as a gradient observation tower, an airplane, captive balloons, SATs, and the developed sodar system.

英文中除了一些特殊情况外，多数情况下名词前面需要加限定词，特别是个体名词。单数可数名词往往要带一个冠词或其他前置词，只有在特殊情况下才单独出现。在编校英文稿时若发现单数可数名词前没有任何限定词，就得注意此时是否缺少或省略了什么，如不符合有关语法规则，则需要补上。冠词缺略不当和名词单复误用的问题多数发生在单数可数名词上，在编校中应该对这种情况特别留心。

d.标点符号

科技期刊英文摘要中标点符号使用不当的问题很普遍，主要原因是作者沿用汉语标点符号的习惯。这类问题在文稿、报告中不明显，但正式印刷出来后非常显眼。如：“《》”、“、”和“～”等。

总之，摘要(报道性摘要)是一篇300字左右的、完整的、独立的小短文，以提供论文内容梗概为目的，不加评论和补充解释，简明确切地描述论文主要内容，着重反映创新点和作者特别强调的观点。摘要应有独立性和自含性，即不阅读论文全文，就能获得必要的信息，包括目的、方法、结果和结论。一般不用数学公式、不出现图表、不出现参考文献。

参考文献

[1] 陈浩元.科技书刊标准化18讲[M].北京:北京师范大学出版社,2000.

[2] 张文莉,李维平.科技论文摘要编审与加工质量探析[J].编辑学报,1997,**9**(2):85-88.

[3] GB 7713—87 科学技术报告、学位论文和学术论文的编写格式[S].

[4] GB 6447—86 文摘编写规则[S].

[5] CAJ-CD B/T 1—1998 中国学术期刊(光盘版)检索与评价数据规范[S].

[6] 中国高等学校自然科学学报研究会.中国高等学校自然科学学报编排规范[M].北京:北京工业大学出版社,1993.

[7] 钟似璇,王新英.英语科技论文写作与发表[M].天津:天津大学出版社,2004.

[8] 田国英.浅谈科技论文摘要的写作规范化及英译技巧[J].襄樊职业技术学院学报,2004,**6**(3):94-96.

[9] 郭长寿.如何撰写学术论文的中文摘要[J].沈阳体育学院学报,2003,**22**(4):126.

[10] 杨凤娥，王小飞.期刊论文“摘要”写作规范的重要性[J].湖南工程学院

学报,2004,**14**(1):92-94.

[11] 陈蓉,游莲,王秀玲,胡玲.论科技论文摘要撰写的标准化[J].重庆建筑大学学报,2004,**26**(2):134-136.

[12] 林大雄,王秦玲,邱俊杰,等.我国医学期刊应用结构式摘要的必要性[J].编辑学报,1994,**6**(3):171-172.

[13] 徐向民,宋业光,廖有谋,等.部分医学期刊应用结构式摘要的调查分析[J].编辑学报,1997,**9**(3):140-142.

[14] 牛燕平,赵路华,赵存如.科技论文结构式摘要的正确运用[J].编辑学报,1998,**10**(3):134-136.

[15] 唐崇文,贾东明.医学论文英文摘要的写作技巧[J].预防医学情报杂志,2000,**16**(2):129-130.

[16] 李原.浅议中文科技论文的摘要和英文文摘[J].编辑学报,1998,**10**(2):97-99.

[17] 白茂瑞.谈论文摘要的写作[J].西安建筑科技大学学报:社会科学版,2004,**23**(2):67-71

[18] 杨琦.科技论文的题名、摘要、关键词及参考文献[J].长安大学学报:社会科学版,2002,**14**(1):77-80.

[19] 沈玲.学术论文摘要和结论的写作方法[J].现代情报,2000(6):59-60.

[20] 刘其城,袁作兴.科技论文摘要的特点及写作[J].长沙电力学院学报:自然科学版,1996,**11**(1):68-72.

[21] 赵立华.科技论文摘要的写作[J].中国编辑,2004(2):50-51.

[22] 兰俊思,刘斌.科技期刊英文摘要的规范化写作[J].西南交通大学学报:社会科学版,2002,**3**(3):135-142.

[23] 熊春茹.英语科技论文写作与国际检索系统收录规则[J].南京航空航天大学学报:社会科学版,2002,**14**(4):83-86.

[24] 王筱玲,刘爱平.科技论文英文摘要的写作技巧[J].南昌高专学报,2004(1):50-52.

[25] 翁爱湘.EI数据库对科技期刊英文摘要的要求[J].浙江工业大学学报,2003,**31**(1):114-118.

5 常见写作不当举例

参照文献[1]，列举了与大气科学及相关学科有关的常见错误，并讨论了编辑和校对时应注意的事项[2]。

5.1 使用量和单位时的常见问题

5.1.1 表述“量”时易犯的错误

(1)使用已废弃的量名称或非标准量名称。例如(括号内为正确的)：摩擦系数(摩擦因数)、比热(比热容)、定压比热(比定压热容)、绝对温度(热力学温度)、比重(密度或相对密度)。

(2)用“单位＋数”构成量名称。例如(括号内为正确的)：试验天数/d(试验时间/d)、降雨时数/h(降雨时间/h)、积分年数/a(积分时间/a)。

(3)使用不规范的量符号。

a. 未采用国家标准规定的量符号。例如(括号内为正确的)：T/℃(t/℃)、P/hPa(p/hPa)、最大风应力f_{max}(F_{max})、dv(dV)为体积变化量、式中V(v)为经向风速、二氧化碳分压PCO_2($p(CO_2)$)。

b. 用多个字母构成量符号。例如：人体感觉温度PET、黑体温度TBB。

(4)把化学元素符号作为量符号使用。例如："摩尔比 $N:P:K=\cdots\cdots$"，应为"摩尔比 $n(N):n(P):n(K)=\cdots\cdots$"。

5.1.2 表述"单位"时易犯的错误

(1)使用中文符号。如：20天、150 km/小时、500百帕、23摄氏度、100毫米。

(2)单位符号的大小写混淆。例如(括号内为正确的)：质量50 Kg(50 kg)、气压500 hpa(hPa)。

(3)"升"的符号大小写不一致。用L是对的，但ml中的"L"又用小写，应统一用"L"。

(4)把一些不是单位符号的"符号"作为单位符号使用。例如：94°C应为94 ℃，即摄氏度是专门符号。50 ppm应为 50×10^{-6}，30 hr应为30 h。

(5)使用单位符号"张冠李戴"。例如：时间2′应为时间2 min。北京时间08时则不能写为北京时间08h。

(6)单位前的数值过大或过小，即未合理使用词头。例如：0.000 2 mm应为0.2 μm或200 nm；5 000～8 000 m应为5～8 km。

(7)词头使用错误。例如：100 μ应为100 μm，词头不能单独使用；μ mol/L应为μmol/L，即词头与单位之间不留空隙。

(8)组合单位符号书写错误或不规范。例如:“施肥量/kg · hm^{-2}”应为“施肥量/(kg · hm^{-2})”,组合单位加上括号();20° · min^{-1}应为 20 (°) · min^{-1}。

(9)使用非法定单位。例如(括号内为法定单位):1 000多亩土地(hm^2)、5.2 ha(hm^2)、500 毫巴(hPa)。

5.1.3 量值表达不规范

(1)数值与单位符号间未留适当空隙。例如:4℃应为4 ℃(注:%前可不加空格)。

(2)量值的和、差表示错误。例如:440±9 mm 应为(440±9)mm 或 440 mm±9 mm。

5.1.4 数学式表达时易犯的错误

(1)数学式转行时,运算符号或关系符号未放在上行末,而放在了下行首。

(2)该用正体字母的用了斜体。例如$[\cdots\cdots]^T$中的“转置”符号 T,“dt”中微分符号 d,“ΔR”中的有限增量符号 Δ,特殊常数“π、e、i,exp……”中的 exp。

(3)符号错用。例如:$\tan^{-1}$应为 arctan;$tg^{-1}(\mu)$应为 arctan μ;1:4 应为 1 ∶ 4;$D>=$ 400 mm 中“$>=$”应为“$\geqslant$”;“$i=1,2\cdots\cdots$”应为“$i= 1,2,\cdots$”。tg x 应为 tan x;ctg x 应为 cot x; arctg x 应为 arctan x; arcctg x 应为 arccot x。

(4)数学式中的“除号”,应居中线位置,不能偏上或偏下，如：

$$\sum_{m=1}^{\infty}\left(\sum_{n=1}^{\infty}\frac{a_n}{m+n}\right)^p < \left[\frac{\pi}{\sin\left(\frac{\pi}{p}\right)}\right] \qquad \text{不可以}$$

$$\sum_{m=1}^{\infty}\left(\sum_{n=1}^{\infty}\frac{a_n}{m+n}\right)^p < \left[\frac{\pi}{\sin(\frac{\pi}{p})}\right] \qquad \text{不可以}$$

$$\sum_{m=1}^{\infty}\left(\sum_{n=1}^{\infty}\frac{a_n}{m+n}\right)^p < [\frac{\pi}{\sin\left(\frac{\pi}{p}\right)}] \qquad \text{不可以}$$

$$\sum_{m=1}^{\infty}\left(\sum_{n=1}^{\infty}\frac{a_n}{m+n}\right)^p < \left[\frac{\pi}{\sin(\pi/p)}\right] \qquad \text{可以}$$

5.2　插图和表格中易出现的问题

(1)图表未按在文中出现的次序编序号。

(2)论文中只有 1 个表格时“附表”应为“表 1”。

(3)表的栏目设计不科学、不合理，有的栏目名称取得不对，即不是能包含所在栏内各行信息特征的词语。

(4)图和表的标目未采用“量/单位”的标准化形式。例如：“时间(d)”应为“时间/d”；“气压(hPa)”应为“气压/hPa”；“温度(℃)”应为“温度/℃”。

(5)标目表达不正确。例如：“日/月”应为“日期”；“时间”(坐标轴上给出的数字是 1980，1990，2000 等)应为“年份”；“时间”(坐标轴上给出的数字是 07-05，07-10，07-15 等)应为“日期”；θ/°应为 θ/(°)；“速度/m/s”应为“速度/

(m/s)”或“速度/($m \cdot s^{-1}$)”。

坐标标值为 10 000,20 000,30 000,…,标目中的单位为 μg/g,此时应将单位改为 mg/g,相应标值改为 10,20,30,…。

有效穗数	结实率	实产量
/万头 · hm^{-2}	/%	/kg · hm^{-2}

应分别为

有效穗数/	结实率/	实产量/
(万 hm^{-2})	%	(kg · hm^{-2})

(6)图的标值表达不正确。例如:表示日期“11/10”“21/10”“31/10”等应为“10-11”“10-21”“10-31”。

(7)坐标图已有标值,坐标轴端不需要再画箭头。

(8)表顶线右上方的“(μg/g)”应为“μg/g”,“(%)”应为“%”,即不应加括号;“单位:mm”中的“单位”二字也应删去。

(9)“续表”字样应居中。

(10)图表中的字符有的太大,有的太小,还有排成黑体、楷体的——一般应在小 5 号与 6 号之间,一般应为白宋体。

(11)图片模糊不清,有的也没有文字说明。

(12)文章中有图,但文字叙述中未涉及。

(13)量与单位的组合形式在图表的标目中出现,最好只有 1 个“/”,如“速度/($m \cdot s^{-1}$)”,而“速度/(m/s)”则不够好,再如:n/(g/kg)不够好,最好为 n/($g \cdot kg^{-1}$)。

5.3 文字表达和标点符号

5.3.1 明显的语法错误

语法错误(或称语病)一般有如下几类:用词不当,成分残缺,搭配不当,语序颠倒,结构混乱,详略失当,句式选用不当,句子组织不好。例如:

Snow 等[10]对美国新墨西哥州沙尘暴的时空分布用详细的观测资料进行了分析研究(应为:Snow 等[10]用详细的观测资料研究了美国新墨西哥州沙尘暴的时空分布)。

……值变化范围为 0.58~0.88,局部地区超过 0.9(前后矛盾,应根据实际情况修改)。

……,得到 CA-FCM 方法的评估效果很好(应为:……,得到 CA-FCM 方法的评估效果很好的结论)。

5.3.2 明显的标点符号错误

标点符号是书面语言的组成部分,具有辅助修辞和帮助文意表达的作用,因而其使用很有讲究,但也有灵活性。

(1)简单复句内断了句。例如(后一个关联词前的句号应改为逗号):

"……。而……。" "……。而且……。"

"虽然……。但……。" "由于……。所以……。"

(2)不该用分号的地方用了分号。例如:

“图 3d 中的箭头线为源于对流层顶附近沿弯曲等熵面上的气流轨迹，左侧的轨迹线接近地面；右侧轨迹线凌驾于地面锋面之上。”（并列分句不在第 1 层次上，分号应为逗号）

（3）冒号误用。下面列出三种错误：

第一种是在非提示性话语之后用了冒号。例如：

“这与文[5]的结论：一致性算法具有良好的平方收敛速度是一致的。”（冒号应删去）

第二种该用冒号而未用。例如：

“式中 c 为……；r 为……；t 为……。”（“式中”后是并列分句，其后应加冒号）

“由图 2 可见，……；……。”（“可见”后是并列分句，其后应加冒号）

第三种是在同一个语言片段里，冒号套冒号。例如：

“非绝热加热系数取：赤道印度洋与赤道中东太平洋区：①$\alpha=0.1\times10^{-4}$；②$\alpha=1\times10^{-4}$；③$\alpha=2\times10^{-4}$。赤道印度洋西区、东区和 Nino1＋2 区、Nino3 区：①$\alpha=1.5\times10^{-4}$；② $\alpha=3\times10^{-4}$。”

（应为：“赤道印度洋与赤道中东太平洋区非绝热加热系数取：①$\alpha=0.1\times10^{-4}$；②$\alpha=1\times10^{-4}$；③$\alpha=2\times10^{-4}$。赤道印度洋西区、东区和 Nino1＋2 区、Nino3 区非绝热加热系数取：①$\alpha=1.5\times10^{-4}$；②$\alpha=3\times10^{-4}$。”）

“X 射线检查：Ⅰ型：共 5 例；Ⅱ型：共 3 例。”（应为：“X 射线检查：Ⅰ型，共 5 例；Ⅱ型，共 3 例。”）

(4)两个层次的并列词语之间，第一层次上未改用逗号。例如：

“致谢：本文得到南京××大学的陈××教授、刘××博士、××省气象局陆××高工、谢××博士的大力协助，谨致谢意！”(第二个顿号应改为逗号)

(5)“一逗到底”和句号多用。

(6)不遵守“格高的点号包络格低的点号”这一规则。例如：

“……具有以下影响：

——××××，×××××；

——×××。×××××××××；

——××××，×××××××××。”

应改为：

“……具有以下影响：

——××××，×××××。

——×××。×××××××××。

——××××，×××××××××。”

(7)“作者简介：殷宗俊(1967-)”应为“作者简介：殷宗俊(1967—)”。

(8)英文摘要中有不符合英语规范的地方，如：用了中文的顿号(、)、破折号(——)、范围号(—或～)等。

(9)外文所有格的符号“’”，在北大方正中“动态键盘”的“多国外文(三)”中“]”键位上。不能用单引号“’”代替，也不能用数学态中“一撇”代替。

5.4 编辑和校对时应注意的事项

5.4.1 编辑

编辑加工是保证期刊质量的一项重要工序[3,4]。我国古代著名文学家刘勰在《文心雕龙》中说过："改章难于造篇，易字艰于代句。"充分体现了编辑加工工作的功力和艰辛。根据编辑出版流程，为了高质量完成编辑加工工作，编辑人员应对录用稿件作高质量文字加工和执行国家标准的工作，并注意以下事项：

(1)在将拟录用稿子给作者修改之前，编辑务必按编辑工作要求进行初步加工，提出编辑的修改意见，以下几点应注意：

a. 文章题目、小标题是否恰当；

b. 引言是否充实，参文是否合理，正文与参文是否一致，正文中是否按顺序标引；

c. 文字是否通顺，若有疑问，应指出让作者修改；

d. 图、表是否合理，表栏目设置是否合理，图中数字大小是否合适，图是否清晰；

e. 图题、表题、量和单位等是否有误；

f. 参考文献的著录是否正确。

(2)修改稿返回编辑部后，编辑应进行深加工，多改，多查(工具书)，多问(作者)，不要急于制图、排版。以下几点有问题时，务必再返回给作者修改：

a. 图是否清晰，大小是否适中；表的安排是否合理；

b. 数学符号、量和单位、公式是否正确，是否有疑问；

c. 参考文献是否正确著录，是否缺少必要信息，与正文部分的描述是否一致；

d. 英文图、表、摘要，是否缺少，是否妥当；

e. 文字是否流畅、通顺；论证推理是否符合逻辑。

(3)上述工作完成后，在确定稿子没有大问题的前提下，作适当、必要的修改后再考虑排版、制图。

5.4.2　校对

校对是出版工作中必不可少的一个重要环节。对此，应注意以下几点事项：

(1)校对工作要依据修订稿进行。依据当前期刊工作特点，应注意校对时以修订稿及中间校对稿为基础，切忌脱离修订稿完成校对工作。校对工作的主要任务是“校是非”，兼顾“校异同”。

(2)责任编辑的初校最重要，是全部校对工作的基础。责任编辑必须以修订稿为基础全面校对，责任编辑初校后清样稿的错误率应很低，即消灭稿件中绝大部分错误。责任编辑初校时应注意：首先通览一遍校对稿，看看大的方面有无问题，如页眉、标题、摘要、正文、参考文献等；再对全文作仔细校对，包括公式、图表、文字、参考文献等全部内容；最后将校对后的红样稿从头到尾看一遍，看看有无遗漏之处。

(3)责任编辑的每一次校对应做到：应在稿子上先用笔修改加工，然后再到计算机上修改，之后做到所有问题“点校”过关。若“点校”时发现有漏改之处，务必作“记号”，发现尚存疑虑之处务必作“记号”。力争做到“清、准、定”，即：清——无遗留问题；准——准确无误；定——没有大的改动。

(4)其他编辑互校时，若发现稿件的编校问题较多，可以与责任编辑商量，重新由责任编辑进行编辑、校对，然后再互校。责任编辑与其他编辑的每一次校对，都要有签名和日期，以便查询。值得注意的是：编辑互校时，可改可不改之处，应尽量不改。

(5)责任编辑做到稿件基本无问题后，才可以送二审和三审终校。

参考文献

[1] 李兴昌. 编辑出版质量部分项目的评比标准和评审情况(Ⅱ)[C]//中国高等学校自然科学学报研究会会讯(总第 46 期). 北京：中国高等学校自然科学学报研究会，2004：21-27.

[2] 倪东鸿，冯怀莹，马奋华，等. 编辑加工和校对时应注意的问题[J]. 气象教育与科技，2006，**28**(3)：49-53.

[3] 王立名. 科学技术期刊编辑教程[M]. 北京：人民军医出版社，1995.

[4] 李兴昌. 科技论文的规范表达——写作与编辑[M]. 北京：清华大学出版社，1995.

6 论著和期刊论文在传播科技成果中的作用

图书和期刊在科技成果的传播和记载方面都是良好的载体。但近年来，在对待图书和期刊在考核中所起的份量方面，却出现了令人瞩目的现象。在某些部门和单位，是否在一定级别的期刊上发表了文章，发表的文章是否达到了规定的数量，几乎成了项目验收和科技人员考核是否合格的唯一指标。相比之下，图书在考核中所占的的份量很轻，以至于有的学校教师，宁可使用"老掉牙"的教材，也不愿意写新的教科书；有的单位的科技人员，宁可把本应集中出版的科研成果、新的理论和方法分散发表在不同时期、不同种类的刊物上，也不愿意写成便于读者全面了解、系统学习的专著。所有这些，直接影响了科研成果的传播和精品图书的出版。

因此，有必要重新认识图书和期刊在传播科技成果中各自的作用和优势，以便正视和解决这些问题，促进精品图书和教材的出版。

6.1 图书的作用和优势

我国的图书出版已有四千多年历史，经历了发生阶段（以石头、骨片为载体的原始书）—简策版阶段（以竹签、木板为载体的书）—卷轴阶段（以纸为载体的纸卷书）—手工业印刷阶段（以雕版、泥活字、木活字、铜活字印的书）—机械化印刷阶段（现代的书）。

五千年的华夏文明之所以绵延不断，人类的历史之所以源远流长，主要得益于先人用发明的文字，把当时的社会文化、发明创造以图书或其他形式载体忠实地记录下来，形成了博大精深的历史文献。正是这些宝贵的历史文献，才使得后人在前人基础上创造财富，在开创新的道路上，有辙可鉴，有章可循，少走了不少弯路。

例如，司马迁的《史记》、孔子的《论语》等一大批历史名著，记录了我国源远流长的历史，展现了我们文明古国的风采；李时珍的《本草纲木》，还有我国四大发明之一的沈括所著《梦溪笔谈》等典籍，记载了我国古代科学家的发明创造和对人类科技进步的巨大贡献。这些图书对于传播我国古代的社会文明和科技成就，奠定我国成为世界文明大国的历史地位起到了决定性的作用。

近代图书在系统地传播先进理论和科学成果发明方面更显示出了其独特优势：马克思的《资本论》，标志着马克思主义政治经济学的确立；马克思和恩格斯《共产党宣言》的发表，揭开了一个新时代的序幕；爱因斯坦的《狭义与广义相对论浅说》奠定了现代物理学的基础；而主要以图书作为载体传播的毛泽东思想，指导着中国人民前赴后继，英勇奋斗，建立了新中国……

新中国成立后，党和国家对图书的出版工作极其重视，把图书的出版作为建设社会主义精神文明和科技强国的主要环节之一。国家不仅成立了专门的图书出版管理机构，而且制定了以《著作权法》为代表的一系列法律规章，并采取了多种激励政策，鼓励出版高质量著作和图书。例如，为了鼓励和表彰优秀图书的出版，国家新闻出版总署设立了“国家图书奖”，并于 1992 年 10 月 10 日制定和颁布了《国家图书奖评奖办法》[1]。自 1993 年举办第一届国家图书奖的评选活动以来，至今成功举办的历届图书评奖活动中，已评选出获奖图书近千种，这些获奖图书是我国出版的数百万种新书中的优秀代表。其中有许多图书是集中了国内众多专家学者的力量才得以完成的国家级重点项目，如《中国大百科全书》、《中国美术全集》、《辞源》、《辞海》、《中国军事百科全书》、《中国农业百科全书》、《当代中国丛书》等。由中国科学院院士叶笃正、中国工程院院士汪成为完成并被授予 2005 年度国家科学技术进步奖二等奖的《院士科普书系》，几乎涵盖了当代自然科学和工程技术发展的所有主要领域。由气象出版社出版、中国科学院院士秦大河、中国工程院院士丁一汇等主编的《全球变化热门话题丛书》，于 2005 年度被授予国家科学技术进步奖二等奖。该书全面介绍了全球变化的成因及其对气候、人类活动、社会经济的影响。这些优秀的科普著作,对于普及科学技术知识、弘扬科学精神、提高人们的环境保护意识发挥着重要作用。

毋庸置疑,图书在系统、全面地阐述或介绍某一理论、学说和成果方面具有不可替代的优势,它在记载社会进步和人类文明发展史方面起着主导的历史地位和作用。只是在我国近二十多年的科技事业发展的进程中,由于各种原因,其地位和作用受到了期刊的挑战。

6.2 期刊的起源和长处

由于图书的篇幅一般较多,"部头"较大,加之一直沿用到 20 世纪 90 年代初的铅排印刷技术落后,此前一本几十万字的书从交稿到出书最快也得一年甚至几年。

于是,一种传播知识方向灵活、研究问题专一、文字篇幅较少(一般几十页或上百页)、出版周期较短的新载体——期刊应运而生并得到快速发展。

期刊具有连续出版的特点,且有固定的出版时间,杂志上标记了国内统一连续出版物号(CN 号)和国际标准连续出版物号(ISSN 号)。

世界上第一种期刊是 1665 年 1 月 5 日法国的戴·萨罗在巴黎创办的《学者杂志》。而第一种真正用于学术交流的期刊则是亨利·奥尔登伯格等人于 1665 年 3 月 6 日创办的英国皇家学会汇刊《哲学汇刊》。从 17 世纪到 18 世纪,德国、丹麦、荷兰、瑞士、俄国等相继出现了期刊,到18世纪中叶,全世界已有50多种期刊。

第一份中文期刊是1815年英国人马礼逊在马六甲创办的《察世俗每月统计传》。在中国境内创办的中文期刊是1833年广州出版的《东西洋考每月统计传》。后来,陆续出版了《中外杂志》、《万国公报》等20种期刊。但这些期刊均为外国人主办。

从1833年到辛亥革命的80年间,在我国出版的期刊仅200种左右。从辛亥革命到“五四”运动,反映当时思想和文化的各种期刊纷纷创立,1919年到1923年刊物创刊数达70种。据统计,1919年到1927年全国期刊出版量达526种。中国期刊无论在数量上还是质量上都有了较大发展。1927年至1937年,刊物创刊数达460种,1936年期刊出版达1271种。在全国解放前夕,刊物仍有900种[2]。

近30年来,我国期刊出版量增长迅速。1970年,我国只有21种期刊,1978年就达到930种,而截至2007年4月底,全国期刊总数已达到9468种。期刊的内容呈现出多层次、多样化:有学术性的、技术性的、科普性的、政治新闻类的、资料性的期刊,也有趣味性的、消遣性的期刊等。期刊的出版周期也灵活多样:有周刊、旬刊、半月刊、月刊、双月刊、季刊、半年刊等。随着信息技术的飞跃发展,期刊的出版形式有印刷型的、缩微型的、机读型的、视听型的、光盘型、网络在线型的。这些期刊,可以说是百花齐放,种类繁多,满足了不同类型读者的需求[3]。

上述现有的我国期刊总数中，科技期刊的品种数量目前已经达到5000余种。SCI收录的我国科技期刊数量逐年增加。据统计，我国现有大气科学期刊已达38种(英文期刊4种)，其中两种已为SCI(E)所收录。从SCI评价体系的指标分析可以看出，我国科技期刊正处于不断增长的状态，国际影响力不断增强。

由上可见，期刊是随着印刷技术和信息技术的快速发展而发展的，人们对科学技术成果的传播及其成果转让的速度要求越来越高。期刊相对图书而言，有着出版周期短、信息传播快的优势。

6.3 图书和期刊各有所长，要鼓励精品图书出版

在我国，如果说人们早期对期刊“情有独钟”是因其出版周期短、信息传播快，而在信息技术、印刷技术快速发展的今天，则不尽然：字数不多的学术著作，一般2～4个月也能赶出来；相比之下，在期刊上发表文章的周期最快也得半年到一年。

那么，是什么原因导致期刊的“身价”倍增呢？主要是近年来，期刊文章在考核中不仅有数量要求，还有所发表刊物的级别要求，所占的考核分数也较高；而对于图书的考核则要求甚少，所占的分数很低。这就无怪乎期刊文章在考核和项目验收中所起的作用越来越大，而图书较之却越来越不“吃香”了。

图书被“冷落”的另外一个因素是，现在的图书出得太多、太滥，甚至有的人认为，现在有钱就能出书，把书看得一文不值。

由此而产生的问题是：相当一部分学者不愿意写专著，认为它“费时费力”，有写书的漫长时间，早就办理了课题经费申请等许多“收益较快”的事情，因而宁可使其在某一领域的成果散布于其他文海之中，也不愿意集中整理出版成为系统性内容的专著；在有的学校，由于编写教材在职称晋升、年度考核中不仅作用甚微，而且没有经费保证，因此有的教师编写新教材的积极性不高，而无奈地使用旧教材。

事实上，上述观点只是少数人的偏见：他们忽视了现在科技著作大部分是合格图书、良好图书和优秀图书的事实；忽视了图书和教材在科学知识普及、科研成果传播和教学工作中不可或缺的优势；不了解出版社对图书三审制等层层把关的严格措施。

为了鼓励精品图书和教材的出版，以便公正对待图书和期刊在考核和项目验收中的作用，有些部门和单位已经采取了切实可行的措施。南京信息工程大学在教材出版方面采取了以下措施，鼓励优秀教材的出版：

(1)学校成立教材编审委员会，负责教材的出版计划，并对教材质量把关；

(2)与出版社合作，设立教材专项出版资金，保证教材出版。

(3)对优秀教材在资金方面重点扶持，考核时充分体现其作用。

为了保证图书的学术质量，不妨采取以下类似措施：

（1）在图书出版前，仿照期刊文章的审稿程序，请相关领域的专家对书稿进行审核和把关。

（2）在项目考核或年度考核时，由专家对图书提出评审意见，以便评出不同档次的图书并作为考核依据。

由此可见，只要正确认识到图书和期刊都是传播精神文明和物质文明的良好载体，正确处理出现的问题，对其一视同仁，公平对待，就能够调动人们进行科研创作和编写教材的积极性。

参考文献

[1] 新闻出版总署. 国家图书奖评奖办法[M]. 1992.

[2] 王玉信. 浅谈中国近代期刊的收藏与研究[EB/OL]. (2005-01-24)[2008-06-21]. http://www.scart.com.cn/mxx/dongtai/info.view.aspx?vid=115.

[3] 李东东. 中国期刊发展步入“高速路”[N]. 中华读书报，2007-05-09.

7 作者与出版者的关系

作者,顾名思义,就是文章或著作者的写作者。在科技界,通常是指将本人或本部门的科研成果或在实践中的见闻、经验和体会进行系统地总结,以论著或文章的形式向社会进行科技传播,提供精神产品的人。出版者,是指经国家主管部门批准,获得出版资格的图书、报纸、期刊、音像制品的出版单位。一般而言,图书的出版者是出版社,报纸的出版者是报社,期刊的出版者是期刊社……。编辑,则是出版者指定的对资料和现成的作品进行整理,加工的具体工作人员。在一定程度上,编辑是作品的"再创造者",担负着对作品进行修改和提炼的责任。作者和编辑是出版工作中最重要的两个基本环节。正如有人所言,如果说作者的作品是块"玉石",那么,编辑则是这块"玉石"的鉴别者和雕刻者。因此,一部好的作品,不仅与作者有关,更与编辑有关。正确处理好作者和出版者之间的分工与合作,是出版优秀作品的重要环节之一。

7.1 作者是出版工作之"源"

"巧妇难为无米之炊","作者是出版工作之源",这是硬道理。正因如此，编辑大都知道自己工作的份量，以高度的事业心和责任感对待作者和稿件，“精雕细刻”，使书稿成为精品或合格的出版物，以便传播作者的科研成果，为社会经济服务。

毋庸讳言，由于现时年度考核、职称评审和科技成果验收等需要，许多科研部门、有关院校的科技人员需要把科研成果进行总结并加以提炼，写成论文或专著发表或出版。看起来似乎作者“有求于”出版者。但仔细分析起来，这种“有求于”是相互的：一个好的、深受读者欢迎的出版者，要有高水平的作者队伍为依托，要有一批高素质的读者群来支持。只有这样，出版者才能够稿源不断，持续发展。因此，对于出版者来说，没有“夜郎自大”的理由和条件。作者是“上帝”的准则，同样适用于出版者。可见，作者与出版者，是相互依存“共生共荣”的合作体。

7.2　作者与出版者的合作

作者与出版者（出版社）一旦签订了出版合同，就成了利益攸关的“甲乙方”，就要在著作权法约定的范围内，行使各自的权利和义务。

我国的《著作权法》明确规定了作者与出版者之间的权利和义务。在双方签订的出版合同中，规定得更为具体和详细，具有可操作性。

在履行出版合同，尤其是在履行科技图书出版合同的过程中，在著作权归属、出版者的专有出版权的问题上，一般来说，出现争议和纠纷的情况不多。大量的问题是，作者如何向出版者提供符合出版要求的稿件，以及出版者如何将稿件编辑加工成合格的出版物的具体问题，这就要求双方加强彼此之间的了解和沟通。

一般而言，作者，尤其是那些写作经验不多的作者，如果有了出版计划，又对出版著作的要求了解不多，在开始写作之初最好向出版者了解写作的具体要求，弄清其中的注意事项，这样可以少走弯路，避免不必要的时间浪费。出版者也应耐心地向作者交待清楚写作中需要注意的问题，为方便作者，最好能把一些具体的要求以书面的形式提供给作者。

7.3 编辑与作者的联系与沟通

如何处理好编辑与作者的关系，解决好稿件中的问题，是编辑出版过程中的重要环节，也是出版社吸引高质量稿件，使出版工作持续发展的关键之一。

作为编辑，谁都希望能遇到一部（篇）学术价值高，语言流畅，文字好，省时省力的作品。但是，这样的稿子往往是“可遇而不可求”。作者同样希望能遇到责任心强和编辑业务水平高的编辑，能够帮助其发现问题，把好文字质量关。

问题在于如何对待那些看似比较“麻烦”的稿子。当编辑遇到书中问题“成堆”的时候，是心平气和地坐下来与作者讨论、请教，解决稿件问题，还是不由得牢骚满腹，火冒三丈，指责作者，这不仅是检验编辑的工作态度问题，也关系到作者和编辑、出版者的关系。

仔细分析可以发现，那类“麻烦”的稿子不外乎以下三种情况：

学术水平、应用价值较高，但由于种种原因（稿件形成匆忙，或是作者分章编写等），文中的问题较多；

书稿水平一般，需要做许多工作才能够达到出版要求；

稿件不成熟，不适宜出版。

除上述第三种情况需向作者解释原因，欢迎其以后投稿外，对于前两种情况，就需要编辑具备“甘为他人做嫁衣”的“无私奉献”精神，想法设法做“补台”工作了。这种“补台”的办法很多，或是多方查证，或是找人请教。而找专家或作者相互审阅是常用的方法之一。

专家或作者审阅书稿，不仅是对书中的文字，更重要的是对其中的科学内容准确与否能提出很好的建议：科研一线人员提出的意见和建议及发现的问题，往往是编辑人员难以做到的。作者—编辑之间的相互交流，不仅能够取长补短，保证稿件质量，也能增加彼此的了解和感情。

对待比较“麻烦”的稿子，关键是编辑工作者应保持什么样的心态，即什么样的工作态度。俗话说，“隔行如隔山”，谁都可能在工作中出现差错，不能因为作者的稿件出现了问题而埋怨他们，指责他们，更不能不尊重他们。

长期的编辑工作，往往使编辑人员能有幸结识到众多的名人和作者：上至部级领导、院士、教授，下至普通科技人员。编辑在与这些作者的交往中，有些保持着长期的联系；有些则联系甚少，逐渐淡忘。究其原因，可分为两种：

(1)凡是“回头客”的作者，必然是编辑为稿件的成功出版尽到了责任和义务，获得了作者的信任。

(2)往来甚少的作者，一般是作者对编辑工作心存疑虑，又不便提出，只好敬而远之。

对于第二类作者，只有编辑“礼贤下士”，“三顾茅庐”，主动征求意见，以换得作者的理解和信任。作为编辑，大可不必因此而感到委屈：作者能把自己精心写作完成的作品交给你，说明他(她)对出版社的信任和支持。

综上所述，作者和出版者是出版工作中的“孪生兄弟”，相互依存，密不可分。二者唯有加强联系，相互尊重，及时沟通，相互谅解，精雕细刻，才能出好书，多出书。

8 汇集期刊文章成书的版权处理

在编辑工作中，经常会遇到一些作者为开展某一科研领域研究的需要，将发表在国内外期刊中的有关文章汇集成书出版的情况。那么，对于已公开发表的文章结集出版，是否需要向期刊社购买“出版权”和向作者付出稿酬？是向上述双方付费还是向上述一方付费？上述问题在部分作者和编辑中一直存在模糊认识。

上述问题，不仅关系着期刊社和期刊文章作者的切身利益，也关系着科技人员的成果能否更好地为我国经济社会服务。在人们著作权意识不断加强的今天，有必要进一步深入研究和领会我国的《著作权法》，据其澄清模糊认识，以利于社会的和谐和稳定。

8.1 我国关于期刊专有出版权规定的沿革

在改革开放之前，我国在著作权保护方面的措施不够健全，国人的著作权保护意识也不强，期刊社是否拥有版权的问题也不突出。在相当长的一段时间内，期刊中的文章谁想用就用，谁想转载就转载。

直到 1985 年 1 月 1 日，原文化部发布的《图书、期刊版权保护试行条例实施细则》[1]才首次提出:“词典、期刊、年鉴、百科全书、会议文集、教材等编辑作品,作为一个整体,版权归编辑者所有。如该编辑者是出版单位的组成部分,或出版单位为出版此类作品而专门设立的临时机构,则此类编辑作品,作为一个整体,版权归出版单位所有”,“期刊对在本刊上首次出版的作品享有一年的专有出版权。自作品首次出版之日起一年之内,未经期刊同意,其他单位和个人不得以摘编、选编、改编的形式转载……如期刊与作者之间没有相应的协议,一年之后此项专有出版权回归作者”,“但集体作品中可以单独使用的作品,除出版权根据协议转让给出版单位外,其他各种权利归作者保留”。这是新中国成立后第一次明确了期刊编辑者的版权和版权内容。从中可以看出,当时期刊专有出版权只有一年,而且,若有人要转载期刊中的文章,只要“经期刊同意”即可。

其后,国家版权局1990年6月15日发布了《书籍稿酬暂行规定》,其中第五条第二款规定:“期刊转载其他报刊上已发表过的作品……向首次发表该作品的报刊付款”。

但是,上述规定在国家版权局2003年12月4日第4号文件“废止的有关著作权管理的规章、规范性文件目录”中均被废除[2],使得期刊社享有专有出版权及转载期刊上的文章需要向期刊社付费的说法失去了依据。

1991年实行、2001年修改的我国《著作权法》,对期刊社是否拥有出版权没有明确界定,只是在其中的第三十五条指出,“出版者有权许可或者禁止他人使用其出版的图书、期刊的版式设计”[3]。也就是说，期刊社拥有“期刊的版式设计”权。换句话说，如果转载者不用其“版式设计”权，期刊社收取出版权转让费的要求也就没有依据了。

根据上述规定，参考我国《民法通则》和《合同法》的有关规定，期刊出版者的专有出版权是有条件的。

8.2 期刊社出版权限运用的灵活性

从我国有关著作权的法律法规的前后变化可以发现，我国现行的《著作权法》并未规定期刊社的专有出版权[2]，现行期刊社的出版权限是有条件的，其出版权的权限在特定条件下是可以变化的。通过对我国《著作权法》、《合同法》和有关政策法规的学习，对于将期刊文章的结集出版而言，可以将期刊社的出版权分为两种情况。

8.2.1 期刊出版权

这种出版权，是指根据《著作权法》规定，期刊社出版所接收的稿件的权利。需要说明的是，这种权利并不表示其拥有再以图书形式汇集出版这类文章的权利。

《著作权法》第九条中规定：“著作权人包括：(一)作者；(二)其他依照本法享有著作权的公民、法人或者其他组织。”在该法第三十二条还规定“作品刊登后，除著作权人声明不得转载、摘编的外，其他报刊可以转载或者作为文摘、资料刊登，但应当按照规定向著作权人支付报酬”。也就是说,文章能否转载,只和著作权人有关。在该法第十一条特别说明:“创作作品的公民是作者”[3]。

从上述规定中可以看出,既然著作权人中包括作者本人和法人或者其他组织,文章转载者或其他使用者完全可以绕开期刊社而找原文章作者。如果期刊社与作者没有另外的约定或其他版权声明,其出版权限确实是有限的,即使有,也只是期刊文章的出版权。因此,转载期刊中的文章,只要不涉及其中的“版式设计”权,就不涉及版权问题,不用得到期刊社的允许,也就没有必要支付出版权转让费,只要得到其中文章作者的允许就行了。

期刊社没有专有出版权固然是自身经济效益的一大损失,但是对其社会效益却是大有“好处”:可以方便更多的读者和单位引用、转载其中的文章和内容,提高该刊的引用率。对于创刊不久、订户不多的期刊说来,说不定还是一种扩大该刊影响、提高其社会地位的一种策略。

8.2.2 专有出版权

根据契约自由原则,期刊社通过合同约定,在合同有效期内,可以取得期刊文章作者的专有出版权(部分著作权),从而保证期刊对于其所载文章的出版转让权。

在目前市场经济条件下,由于大多数期刊社的生存和发展与其经济效益是密不可分的,所以,他们往往通过合同约定取得期刊文章的专有出版权。

目前一般的做法是:期刊社通过与作者签订《论文发

表协议书》,取得期刊文章的专有出版权。在协议书中,一般都规定了期刊和作者各自的权利和义务,尤其是要求作者授予期刊社专有出版权,以免引起日后出版权转让纠纷,实现其利益最大化。如果期刊社想要期刊文章以图书形式再出版的权利,则必须也以书面授权的形式约定。这样一来,既使作者实现了发表作品的目的并获得稿酬,也使期刊社合法地获得了文章的出版转让权,从而实现了“双赢”。

8.3 转载期刊文章的付费

出于项目验收和成果展示的需要,有些科学家需要把该项目分散发表在国内外期刊上的文章汇集起来出版项目论文集。因为对著作权的转让问题不清楚,他们中有的人为“避免侵权”,向一个又一个国外期刊社购买了国内作者文章的“版权”。而有的期刊文章作者根据《著作权法》中的规定,又向这位主编者提出了稿费要求。这样一来,文集的主编者不得不向双方付费,文集还没出版,仅“版权转让费”一项就让主编者不堪承受。有的学者本来想把课题组人员分布在国内外多种期刊中的文章收集起来,作为项目验收和评估的论文集正式出版,一听到需要向国外期刊社购买“出版权”,就望而却步了。他们最终都因顾虑重重,只是将文章汇集起来作为非正式出版物印刷“交账”了事,失去了正式出版论文集,使之广泛而又长期传播科技成果的机会。

其实，若是弄清了国外期刊社拥有的是“出版权”或“专有出版权”，解决上述问题也就不至于那么为难了。

向期刊社要求文章的出版权，一般有三种情况：

(1)文章作者本人出版专集，需要把自己发表在各个期刊上的文章收集起来，重新汇集出版。

(2)项目主持人为项目验收，要把本项目组人员发表在各个期刊上的文章汇集出版，以便项目验收使用。

(3)科研人员为研究某一方面的进展，将该领域其他作者发表在多个期刊上的文章汇集出版。

前两种情况，按照我国《著作权法》的规定，如果期刊文章作者与期刊社没有特别约定，只要得到作者本人同意就可对文章转载使用；若期刊社已与文章作者有专有出版权的特别约定，可以由文章作者出面与期刊社通过协商友好解决：期刊社或作者一般比较“好说话”，“请”他们开个书面版权转让证明给出版社就行。但对于第三种情况，若是转载发表在国外期刊中的文章，问题就不那么简单了。

若期刊社拥有的是“专有出版权”，解决问题相对比较简单：通过友好协商，签订出版权转让协议书，支付费用与否两家商量就能定下来；若其没有拥有“专有出版权”，反而比较麻烦：不仅需要一个一个地向作者征得授权，还得逐一付酬。

8.4 期刊文章汇集成书的出版权处理方法

(1)期刊社只有与作者签订《论文发表协议书》,明确取得作者的授权,才能拥有"专有出版权",也才能有效维护其自身的合同权益。

(2)转载期刊中的文章是否需要获得期刊社的授权或付费与否,关键是要弄清期刊社是否拥有包括作者书面授权的以图书形式使用该作品的"专有出版权",且只需向其中拥有专有出版权的一方申请即可。

《著作权法》第十条明确规定,著作权人享有"汇编权,即将作品或者作品的片段通过选择或者编排,汇集成新作品的权利"[3]。也就是说,作者享有对自己发表在期刊上的文章著作权。文集主编者只要得到期刊文章作者或通过该作者与期刊社联系得到授权,就可以将其文章"通过选择或者编排"出版,不用花费巨资购买出版权。

参考文献

[1] 文化部.图书、期刊版权保护试行条例实施细则[S].1985.

[2] 国家版权局.国家版权局废止的有关著作权管理的规章、规范性文件目录(1984—1999年)[S].2003.

[3] 中华人民共和国著作权法[S].

9 数字用法浅析

在公共场合的标语牌、大字条幅上或一些教材、专著、文章中，经常会见到汉字数字和阿拉伯数字使用不当的情况。之所以如此，在有些人看来，或许这是个“小问题”，没有引起人们的足够重视；或许是因为这个问题探究起来有点麻烦，使人“知难而退”。无论何种原因，正确运用数字的重要性是不言而喻的：数字运用得当，能使读者觉得作者所表达的内容实在，可信；反之，会起到负面作用。更重要的是，如果数字运用失当，会以讹传讹，使我国的文字语言使用环境受到影响。

其实，在进行写作和编辑工作中，是使用阿拉伯数字合适？还是使用汉字数字为宜？这也是“有据可查，有法可依”的。1996 年 6 月 1 日，国家技术监督局发布了 GB/T 15835—1995《出版物上数字用法的规定》[1]（以下简称《规定》）。《规定》介绍了出版物在涉及数字（表示时间、长度、质量、面积、容积等量值和数字代码）时使用汉字和阿拉伯数字的体例。《规定》对必须使用汉字和必须使用阿拉伯数字的情况作了区分，同时也指出：在有些情况下如何使用数字目前尚不便统一，可以根据具体的情况灵活变通。而在实际工作中，对于那些没有明确规定应使用何种数字的情况往往是随作者、编辑不同，在文章中使用何种数字也就不同。这就难免在如何使用数字方面产生争议。

正因为在如何使用数字方面存在上述“可以根据具体的情况灵活变通”的情况，也就存在“不确定性”和“难点”。对此，我们将使用数字时，是使用汉字数字还是使用阿拉伯数字的体会总结为数字用法的统一性、习惯性、方便性和简洁性四个方面，并举例说明常见的数字错误用法。

9.1 数字用法的统一性

所谓统一性，是指数字在文章中说明同一问题或类似问题时，前后的用法应基本一致。

《规定》要求，凡是可以使用阿拉伯数字而且又很得体的地方，特别是当所表示的数目要求比较精确时，均应使用阿拉伯数字。遇到特殊情形，或者为避免歧解，可以灵活变通，但全篇体例应相对统一。

仔细分析可知，上述要求并不意味着《规定》为了保持“体例应相对统一”，就要求作者机械地在文章中都使用阿拉伯数字或者都使用汉字数字。作者在文章中使用何种数字要根据《规定》总的原则要求，视具体情况而定。

例如，“两地距离 10 km”。在这里，“两地”写成“二地”或“2 地”都是不合适的，不能因考虑所谓“统一性”而生搬硬套。

《规定》中指出，在某些定型的词、词组、成语、惯用语、缩略语或具有修辞色彩的词语中作为语素的数字，必须使用汉字。如，“一般”、“五朵金花”、“第四方面军”、“两栖动物”、“五笔字型”等，这样的词使用汉字数字是没有争议的。但有些一般性语句如“五种水果”有时会因为考虑到局部统一的原则而使用阿拉伯数字。这种情况多数强调的是后面的名词，在这里完全可以把数字看作构成词语的语素，数字在这里起到修饰的作用。

例如，脊椎动物分类学的发展大致经历了 3 个阶段：外部形态一内部解剖特征分类阶段、细胞核型特征分类阶段、分子特征分类阶段。

这里的数字应用汉字表示，“3”应为汉字“三”，因为它的下文叙述了具体的三个阶段，这里的数字并不是表示统计意义或作对比之用，它只是用来修饰“阶段”一词，所以应用汉字数字。

而在另外一种情况下，则应以用阿拉伯数字为宜。

例如，3 个统计模式、2 个物理一海气耦合模式及 4 个物理一海洋/统计大气模式。

此例中的数字同样是十以内的数字，同样修饰后面的名词，但它们放在一起具有比较意义，所以用阿拉伯数字表示为宜。

9.2 数字用法的习惯性

所谓习惯性，是在文章中使用何种数字时要考虑到中文的用法和人们的用字习惯。

语言是交流的手段，流通广泛、使用率高的表达方式应该是值得推荐的。国家标准也是在考虑到各种使用条件的基础上制定的。在遇到国家标准中没有明确规定的情况，我们应该优先考虑采用约定俗成的表示法。下面讨论几种在实际工作中常常遇到的情况。

9.2.1 阿拉伯数字作为序数词的用法

因为阿拉伯数字具有易写易读的特点，所以在文章中用到数字时，有些人为图“方便，省事”，也就顾不上什么合适与否的问题了，一律用阿拉伯数字代之，因而出现了阿拉伯数字作为序数词在科技书刊中的各种不同用法，所谓“仁者见仁，智者见智”，五花八门，什么用法都有。

例如，在著作中，编著一级标题的用法时，有“第 1 章”、“第一章”、“第 1 节”、“第一节”、“第一课”、“第 1 课”、……；在会议等序号的编排中，有“第二届”、“第 2 届”、“第三次”、“第 3 次”、……；在各种评比名次排序时，有“第四名”、“第 4 名”、……，让人看得眼花缭乱，不知如何是好。

考虑到中文的习惯用法，在一般情况下，尤其是个位数或两位数以内，序数词还是用汉字数字为好。阿拉伯数字不宜与其两边的汉字同时出现作为序数词。在上述的例子中,用汉字数字排序显然要比用阿拉伯数字更为符合中文的习惯用法。

但若序数词为三位数或三位数以上时,用阿拉伯数字显然更符合简洁的习惯。如"……第128次会议",若写成"……第一百二十八次会议"就显得有些啰嗦了。这就要视具体情况而定。

9.2.2　阿拉伯数字和汉字作为数词的用法

一般说来,在标准计量单位之前用阿拉伯数字作为数词使用是没有争议的。但有些人在阐述问题时,不管数词修饰的是什么名词,同样为图"方便,省事"而将阿拉伯数字和汉字数字二者混用。

例如,"×××工厂上半年已完成了全年工作量的2/3";"×××企业今年上缴国家的利润是前年的2倍";"他把这个问题强调了3次"……像这些把阿拉伯数字和汉字数字混用的情况都是不够规范的。

9.2.3　数字"2"的用法

数字"2"有它的特殊性,在汉语中常有三种表示法:"二"、"两"、"俩"。用作序数词时一般用"二"表示,如:"第二"、"二月"。"二"还在固定用法或一些特殊的场合中使用,如:"二元一次方程"、"最小二乘法"、"二维"等。而"两"的用法更为普遍,一般的量词通常会用"两"来形容,如"两天”、“两篇文章”、“两个数据”、“两千年”等。在某些特定场合，也时常用“俩”。

例如，冷暖两个气团相遇形成锋面。

这是一个典型的修饰量词的例子，应该用“两”表示。在这种情况下若用“二”是很不恰当的，这是人们表达的一种习惯。

例如，研究和开发了由包括密封圈在内的二个以上元件组成的组合式密封装置。

这个例子中，“二个以上元件”读起来很别扭，因为这并不是人们习惯的一种表示法。如果改成“两个以上元件”，那么读起来就通顺多了。

9.2.4 约数和概数

《规定》中指出：用“多”、“余”、“左右”、“上下”、“约”等表示的大约数字一般用汉字[1]。这一规则在许多成语中得到充分体现，如：“三长两短”、“七上八下”、“四平八稳”等。这些成语中的数字都必须用汉字表示。我们认为与此类似的约数概数，如：“十四五岁”、“三十来万”、“近两年”等，这类词语中的数字也都应该用汉字表示。但在实际编辑工作中，仍然有把这两种数字混用的情况。

例如，历经30多年的研究，目前已经形成了一套较为完善的研究方法体系。

此例中“30多年”应写为“三十多年”。

9.3 数字用法的方便性

所谓方便性，是指在符合中文语言的前提下，提倡人们正确而得体地使用阿拉伯数字。

一般说来，无论作为数词或序数词，在图书和期刊中，三位数及其以上的数字很少用汉字表示，因为这样表示反而使问题表述显得更啰嗦。

例如，地球上已知的活火山共约518座。

上句中的数字是个较大的数值，“五百一十八”这样的表示法不但读起来费劲，写起来也很麻烦。用阿拉伯数字表示，既简单又清楚。读者一看到这些数字就形成了一个数值的概念，所以在本句中用阿拉伯数字更加合适。

但在有关规范中规定，在古籍整理或出版中可以使用汉字表示数字，这就是要考虑到中文传统的“可惯性”。

9.4 数字用法的简洁性

文字表达追求简单、明了，使用数字也是一样，应力求用尽量少的字确切地表达数值。

例如，有50％的测站出现降雨。

此句也可改写为“有一半的测站出现降雨”，这样既简练又明确。

例如，这片田地有三分之二的部分被碱化。

此句改为“这片田地有 2/3 的部分被碱化”更好。

9.5 数字的常见不当用法

虽然《规定》中列举了许多情况下是使用阿拉伯数字还是汉字的例子，但在实际工作中，由于作者和编辑长期的用法习惯，仍然经常见到屡用屡错的情况。现略举一二，以供同行参考。

(1)百分数范围的表示法

例如，年降水相对变率在 14～23％之间。略微思考一下便知，此例中“14～23％”的表示法是不正确的。本句想表达变率的范围是从 14％到 23％，而“14”和“14％”是两个完全不同的数值，省略了“％”则范围变成从 14 到 23％，显然歪曲了文章的原意。

(2)排版中阿拉伯数字的回行问题

例如，月降水正异常发生次数大体与海拔高度呈反相关，相关系数为－0.292 0。我们经常会在文中遇到上述情况，有些排版软件的自动回行并不能辨识小数，经常会在小数点后面回行，这就破坏了数字的完整性，应把小数点前后两个部分安排在同一行。

同样的情况也常发生在百分数、负数等一些不但包括数字字符也包括符号字符的数字里。

例如，累计方差贡献分别达 62.7％，70.5％和 58％，且自第五个向量以后的每个……

这里不应在“58”后面回行，负数中也不应在“－”(负号)后面回行。整个数值的符号及数字字符均应安排在同一行中，以保持数值的完整性。

(3)科学计数法

很多作者并不习惯使用科学计数法，或者使用科学计数法不得当，如：14550000 公顷宜表示为 1.455×10^7 公顷，62.3×10^6 应表示为 6.23×10^7。因为科学计数法为 $k\times10^n$ 的形式，其中 k 为整数或小数点前只有 1 位数字的小数；n 为正、负整数[2]。这是平时工作中常被忽视的，应保证小数点前只有一位数字。

(4)年代、世纪的完整性

有些作者习惯使用“80 年代”或“上世纪 80 年代”这样的表示法，其实，这是不严谨的，应写为“20 世纪 80 年代”。与此类似，“在 95 年 11 月举行运动会”这样的说法也是不正确的，“95”年应补齐为“1995 年”。但也有使用 1980 年代这样的用法，类似于英文的 1980s，严格讲不合规定，但比较简洁，只要读者认可也可试用。

(5)补充数字空位

在科研文章中，常可见到有些作者为了“节约”文章空间或图省事，习惯省略小数点前面的“0”，不少人也随之模仿，以讹传讹。应该指出，在科技论文中必须完整地写出整个小数，不能省略小数点前面的“0”，如“.564”应写为“0.564”。

在时间的表示法中补充空位的情况比较多。如大家习以为常的年月日表示法,“2007-4-5”应写为“2007-04-05”。

还有,“北京时间上午8时0分6秒到下午2时7分”,应表示为“08:00:06—14:07:00”。这里所有十位空缺的数字应以“0”补齐,并且在“时、分、秒”位置空缺的情况下也要全部用“00”补充完整。实际工作中经常会碰到同一篇文章中有时用“8时”有时用“08时”的情况,要注意全文统一、科学表达。

在小数的有效数字方面,也会碰到补充空位的情况。比如给出一组大部分都是小数点后是三位有效数字的数据,而其中几个数据如果出现小数点后只有一位数字,如“0.6”,就必须用“0”补齐三位有效数字。这时的“0.6”应该表示为“0.600”。

综上所述,在从事写作和编辑工作用到数字时,对于《规定》中如何使用数字目前尚不便统一的情况,是使用阿拉伯数字还是使用汉字数字,不能一概而论,应考虑到数字用法的统一性、习惯性、方便性和简洁性。

参考文献

[1] GB/T 15835—1995. 出版物上数字用法的规定[S]. 1996.

[2] 中国编辑学会图书编辑学专业委员会. 科技图书编辑手册[M]. 北京:中国铁道出版社,2004:171.

[3]李太宇,张锐锐. 数字用法难点的应对策划与数字用法的常见不当[J]. 中国编辑,2007,**28**:70-72.

10　学生稿件的常见问题和处理办法

随着我国研究生培养规模的扩大，高校期刊或其他期刊常常会收到许多博士生和硕士生的来稿[1,2]。对这些学生的初次来稿，许多文章从不同角度进行了研究[3~6]。这些稿件因其多为初涉科研工作的处女作，必然存在此类稿件的一些共同特征，有优点，也有不足之处。

10.1　学生稿件的特点

高校期刊的稿源一般来自三个方面：教师投稿，学生投稿和其他科研院所或部门的科技人员投稿。由于工作经历和写作经验的关系，学生的稿件相对于其他两者的稿件，有着自身的特点和问题，主要表现在以下几个方面。

10.1.1　投稿时间集中

研究生一般每年6月底前毕业，所以每年的11月至次年4月会收到数量较多的学生来稿。一般要求尽快审阅完毕，有一个明确的审查结果，因此在这段时间内编辑处理的稿件数量较大。

10.1.2　论文基金项目标注率高

高校研究生导师承担了大量国家级、省部级课题，学生参加导师的科研项目，因此与课题有关的论文自然就标注了基金资助项目。根据《中国科技期刊引证报告》[7]知道，2001—2005年《南京气象学院学报》的基金论文比分别为0.75、0.84、0.87、0.96、0.94，基金项目标注率较高，说明其研究内容大多立足科研前沿，学术水平较高。

10.1.3　部分来稿存在学术失范行为

有些作者在引用他人成果时，没有标引相应文献，以至于读者不能分清是他人的成果，还是作者本人的成果。这样容易让读者误解，也有剽窃之嫌疑。

存在"一稿多投"的现象。有的学生为了尽快拿到录用通知书，不惜"一稿多投"；有的论文已被录用或即将发表却被告知"存在重大问题"而要求撤稿，因为该稿已经或即将在其他刊物上发表。这种"一稿多投"的行为，浪费了编辑的时间和精力，浪费了审稿专家的时间和精力，也浪费了学校的物力和财力，影响了编辑部的正常工作，应坚决杜绝。

10.2　论文写作不规范问题

大多数研究生毕业前的投稿为第一次投稿，对科技论文的写作较陌生，其论文写作水平普遍有待提高，存在的问题较多，具体表现如下：

(1)摘要写作不过关。有的论文摘要介绍了大量背景知识，却没有具体结论，显然不合要求，应要求作者重写，并强调“方法、目的、结果、结论”四要素的写作要领。对于大气科学研究论文，资料的来源也十分重要，一般也要求在摘要中明确指出。

(2)引言存在大量问题。有些论文的引言部分，在阐述论文研究的背景、意义、目的等方面过于简单，对国内外研究进展概括不够，或者只是将众多文献的结论进行简单堆砌，缺乏有机阐述和高度概括。引言部分需要标引大量的参考文献，有些论文对文献标引不够规范，如：没有按文后参考文献的顺序标引；没有标明引用的文献序号；引用了参考文献却没有在文后参考文献表中加以著录；引用了他人观点却没有标注他人文献等。

(3)文字表达能力较差、不精练、不准确，行文逻辑性不强，论证不严谨、前后行文不紧凑。有的叙述不清楚、啰嗦，前后逻辑混乱，甚至有错误表达。语法错误出现较频繁，有的一个逗号到底，叙述无层次。这是硕士研究生来稿的通病，需要作者不断学习、不断历练。

(4)中文图题、表题存在的问题较多，英文图题、表题的问题更多。有的作者不知如何撰写图题、表题，没有很好地模仿其他文献的规范写作，也没有进行反复斟酌、认真修改，结果图题、表题的问题就较多。实际上，图表的标题应能够独立于正文，它们应含有足够的信息让人明白图表的含义,而不需要频繁地参阅文章中的句子,即图表具有自明性[8]。

(5)参考文献存在的主要问题有:著录信息错误,二次引用,文献陈旧,文献著录项目不全,不按最新的国家标准著录等[9]。

(6)量和单位不符合规范。许多作者喜欢用英文名称缩写代替量符号使用,如 TBB,PET 等。应该指出:按照国家标准[10],在作为量符号时,其表达应使用法定符号并辅以下角标等附加符号来表示,如 T_{bb}、T_{pe}等;采用英文名称缩写作为量符号是不可取的[11]。

(7)论文格式不符合要求,投稿前没有认真阅读《征稿简则》。作者应在投稿前认真阅读论文写作规范[12]。

(8)插图质量有问题:图片模糊不清,图中数字偏小,有中国地图的插图缺少南海诸岛部分,阴影部分没有说明等。

10.3 学生毕业后论文的常见问题

10.3.1 论文作者的单位变动大、署名作者增加

有的学生毕业后来到了新的工作单位,其论文作者的单位也要求作相应改动,甚至要求增加作者(多是新工作单位的同事)。其原因不外乎改变作者单位、增加署名作者,可以为作者带来更大的利益。实际上,该论文是学生在工作之前由导师指导而完成的,与新的工作单位没有关系,也

不应该增加新的作者。这样做既损害了作者的权益,也损害了原论文完成单位的利益。

10.3.2 内容修改较多

学生在毕业之前因忙于找工作、完成毕业论文,时间非常紧迫,所以没有花费大量时间来反复斟酌论文的原稿和修改稿。有的同学修改论文的时间很短,上午修改,下午就返回编辑部了,修改质量不能得到充分保证;有的学生为了早日拿到录用通知书,在没有精心修改的情况下就将修改稿返回编辑部;有的学生甚至错误地认为,有编辑帮助修改,自己可以随便应付了事,于是,修改稿就遗留了大量问题,为日后编辑加工带来了许多麻烦。

毕业后,学生参加工作或继续深造,时间充沛,学术水平也有不同程度的提高。有的学生在收到编辑部的再修改要求或校对稿时,会在原修改稿的基础上,再做大量的修改,甚至更换插图等。这样,编辑必须花费大量时间、精力再反复修改、斟酌该篇稿件,工作量大大增加。有时,对内容改动大、更换插图的论文,还要再请专家审查和导师把关,甚至作为新投稿件重新处理。

10.3.3 有的修改稿不再返回编辑部

有的稿件虽然经过作者适当修改后就可以发表,但修改意见返回给作者后就没有了下文,也没有任何解释,经编辑部多次催促仍然不予理睬。可以说,这是一种缺乏诚信、不负责任的表现，浪费了编辑的时间精力和学校的物力财力，也给他人以学术态度不端正、学术行为不严谨的不良印象。其原因可能是：作者感觉修改有难度，知难而退；毕业后，或出国或继续深造或转行，发表该论文对他已“无利可图”了，就不再“浪费”时间修改了，自然也不再理会编辑的要求；或该稿件已经投向其他刊物或已经发表，实在不能“一女二嫁”。

实际上，自收稿之日起，作者就与编辑部达成了约定。编辑部按照“征稿简则”“编辑流程”处理作者来稿；作者有义务按照编辑部的修改意见修改稿件，并配合编辑及时发表该稿。

10.3.4　联系不畅通

毕业前学生生活、学习均在学校，有本地的手机号码，容易联系；毕业后，参加工作或继续深造，电话号码改变了，较难联系。有的作者不使用留给编辑部的 E-mail 地址，编辑部很难联系上作者。与作者联系不畅通时，易耽误时间，影响稿件的处理速度，影响论文的修改和发表时间，甚至影响期刊的出版时间。建议：毕业的作者能主动与编辑部联系，留下可以一直保持联系的电话、E-mail 地址等。

10.4　学生投稿时易出现的心态

学生初次投稿时一般容易产生胆怯、依赖、投机等心态[3,4]，调整这些心态，对于今后的科研和创作有益。

10.4.1 胆怯心理

研究生初次投稿往往担心稿件质量不过关，对投稿结果感到茫然[4]；也有作者担心自己在编辑部没有熟人，稿件不被重视，甚至影响稿件的公正评审[3]。这些担心容易导致初次投稿的学生产生胆怯心理。存在胆怯心理反映了作者对稿件处理过程不够了解，也反映了作者对其研究成果的信心不足。

10.4.2 依赖心理

初次撰写论文的学生，由于此前没有发表过论文，对论文从投稿到发表的过程不够了解，所以容易产生依靠导师、依赖编辑的心理。甚至有的作者认为，自己没有必要对论文的文字表达进行仔细的推敲和斟酌，反正有编辑把关，以至于文字不顺，词不达意，严重影响了文章的可读性。具有完全依赖型心理的作者，把稿件的修改权全部交给编辑。对编辑的意见和建议很少思考，缺少主见，没有自信，希望编辑一切代劳[3]。作为编辑，不能越俎代庖，应慎重对待，切勿忘记“文责自负”这一重要原则[3]。

10.4.3 投机心理

有的作者缺乏严谨的科学精神，常常抱着试试看的心理，不认真构思、认真撰写，就将不成形的论文交到编辑部，企图蒙混过关、得到录用，有的甚至“一稿多投”，期望提高命中概率。其实，这样既加大了编辑的工作量，也加大了稿件被拒的风险。没有经过认真修改的稿件，即使已被录用，也会因此而推迟公开发表的时间，可谓“欲速则不达”；而“一稿多投”的稿件，一旦被编辑部发现，就要面临退稿等处理方式，可谓“得不偿失”。

10.4.4　自负心理

作为具有高学历的研究生，专业知识扎实，思维敏捷，在科研中广泛调研，花费大量时间查阅文献，并在导师指导下完成了论文，往往自认论文完美，对编辑的修改意见不够重视[3,4]。面对退稿，有的作者自视水平很高，没有从稿件本身的学术质量上找问题，而是对编辑工作横加指责——“我的稿子很好，为什么要退”，傲气十足，甚至个别作者错误地认为是编辑或审稿专家有意与他过不去，胡乱猜疑。

10.4.5　急躁心理

作者投稿后希望很快得到审稿结果，这本无可厚非，但是有的作者在论文稿投出没多久，就不断地到编辑部催促、询问审稿结果，影响了编辑的正常工作。有的作者较急躁，常常发问“某某的稿子已经审好，我的稿子为什么还没有审回？”实际上，审稿有其规律性，必须经过编辑初审、两位以上同行专家评议、主编终审等流程，需要一段时间，编辑部一般会承诺“自收稿之日起，几个月内给予答复”。当然，本着为作者服务的目的，编辑收稿后应尽快处理稿件，以缩短稿件审查周期，对迟迟不能返回的审稿可以适当催审。

此外，有的作者在修改稿子时也存在依赖心理和急躁心理。依赖心理表现在：希望导师、编辑修改好自己的论文；急躁心理表现在：不经过认真仔细反复修改，有的刚改了一遍，甚至也不校对就迫不及待地送到编辑部。这样往往不能达到编辑要求，甚至错误频生，不得不反复修改，以至于影响修回时间，徒增编辑工作量，甚至因此而推迟发表时间。

10.5 学生稿件问题产生的原因

(1)初次写作、锻炼不够。学生来稿大多为其第一次撰写的科技论文，在没有得到良好科技论文写作锻炼的情况下，学生多是根据文献模仿或自由撰写，所以论文写作粗糙，存在较多问题。要写好科技论文，就需要作者长期实践和积累，在科研工作中不断提高写作水平。

(2)功利主义。有的学生，为了早日拿到一纸论文录用通知书，不惜“一稿两投”或“一稿多投”，违背了基本的学术道德。有的学生认为，只要论文能被录用就行，对论文的修改就马虎行事。也有人错误地认为，只要管管学术质量就行了，“修改参考文献”等这样的小事没必要花费大量时间来做，让编辑干就行了。有的学生毕业后，就不再修改自认为无利可图但已被拟录用的稿件，对编辑部的“催稿”也无动于衷，使编辑部的前期大量工作付之东流，甚至影响了编辑部的后续工作。这些都反映了作者存在功利主义思想。

(3)学术诚信缺失。一稿多投、随意撤稿、收到修改意见不再返回修改稿，随意增加、变换作者署名，随意变换所署作者单位，这些都是诚信缺失的表现。例如：有篇即将出版的论文，在作者校对阶段却被告知“论文存在重大问题”，并以此为由要求撤稿，但经查发现该文已经在另一家刊物上发表了，其行为严重违背了学术道德。

(4)学生对编辑工作缺少必要的了解。学生初次投稿，对科技论文写作规范、有关国家标准不熟悉，对编辑工作流程不了解，对学术失范的危害性认识不足，甚至部分作者对编辑存在不信任的心理[3]。这需要编辑与作者加强交流、积极沟通，并最终达成相互信任的局面。

(5)部分导师没有严格要求，把关不严。由于种种原因，导师在学生论文的完成过程中，注重前期的科研工作，等到论文撰写阶段，就放松了对学生的指导、要求，甚至不作任何指导。究其原因，可能是导师的学生多、工作压力大、任务繁重，没有足够的时间和精力来修改、润色每一位学生的“处女作”。因此，学生的第一篇论文存在较多问题也就不足为怪了。实际上，指导学生进行科技论文写作，是整个科研培养计划的一项重要内容，导师责无旁贷，应真正负责任地加强对学生的指导，并严格把关。

(6)没有具有法律效力的论文出版合同加以制约[13~15]。高校《学报》刊登的《征稿简则》在严格意义上不是“双方约定”，缺少作者一方的书面承诺。在没有签订出版合同的情况下，作者对自己的权利和义务不甚清楚，编辑部也缺少约束作者行为的法律依据，因而难以从根本上制约“一稿多投”等现象。

10.6　解决问题的思路

10.6.1　加强编辑与学生的互动——学习、指导、服务

(1)作为编辑，应真诚对待、热情指导、严格要求。对初次投稿的研究生，编辑尤其要热情指导，甚至要不厌其烦地指导其修改论文。有的稿件虽经反复修改，但仍不能达到出版要求，就更需要编辑有足够的耐心去指导，当然编辑为此会付出更多的辛劳。作为学生，应虚心学习，积极主动与编辑加强沟通、交流，戒骄戒躁，不断提高自己的科技论文写作素养和水平。

(2)为学生不定期举办一些有关科技论文写作方面的讲座。由资深编辑或者研究生导师主讲，内容包括：撰写科技论文的思路，科技论文写作的规范，如何撰写摘要、引言，如何正确著录文后参考文献，量和单位的规范表达，投稿、修改的注意事项，等等。这样既有利于提高研究生科技论文的写作水平，为日后投稿、修改稿件理清思路、减少问题，也有利于编辑开展工作，减轻工作压力，起到事半功倍的效果，也就是授之以鱼——花大量时间精心修改论文，不若授

之以渔——提高作者撰写科技论文的水平。此外，注重学术道德教育，能使研究生养成良好的学术品质[5]。

(3)增大高校期刊开本，增加刊期、页码，缩短论文发表周期；提高为作者服务的质量，如印刷精美抽印本；审稿意见反馈及时、迅速，想作者之所想，急作者之所急；作为编辑，应具备良好的服务态度、服务意识，遇到作者态度不好时，应作耐心的解释，绝对不能对作者恶语相加，更不能有报复作者的心理，甚至故意拖延稿件处理，推迟论文发表日期。

10.6.2　做到“编辑流程”的全程把关

(1)切实做好初审工作，下大力气做，给出合适的初审意见。一旦稿件不符合《学报》投稿的要求，应予以退回修改后再重新投稿。当然，可以考虑给予适当的初审费，建立激励机制，鼓励编辑加强稿件的初审。

(2)严格执行专家审稿制度，找准审稿专家，缩短审稿时间，提高稿件处理速度，提高稿件审查质量。通过建立审稿专家库，实行网络审稿，可以进一步加快审稿速度。

(3)建立修改稿复审制度。修改稿返回编辑部后，首先由责任编辑检查论文的修改情况，再请同行专家评议，检查论文修改后是否达到发表要求，以及是否需要进一步修改。此举有利于进一步提高《学报》的学术质量。

10.6.3 学生导师应全程严格把关

长期以来,如何撰写学术论文一直是研究生培养计划中被忽略的问题。作为研究生导师,应系统地讲授有关学术论文的组成要素、写作方法、图表的分析、参考文献的规范性等一系列问题,帮助学生发表高水平的研究论文;在论文撰写之前,告诉学生怎样的论文才是一篇好论文;在论文撰写的过程中,要指导学生如何掌握构思要点、基本撰写方法和技巧,如何对结果进行分析和讨论,如何避免常见错误,并提高论文的可读性;在论文完成之后,应要求研究生按"条理是否清楚?语言是否简单、平实、明确、直接?是否容易理解?是否正确、准确地使用了语言?"这四个要求来检查论文;在论文投稿过程中,应指导学生了解论文的投稿、评阅和发表过程,正确对待审稿意见和退稿[16]。

10.6.4 签订论文出版合同

随着《著作权法》的实施,高校《学报》需要与作者签订一份具有法律效力的合同。这样约束双方行为就有了法律依据,也明确了双方的权利和义务,既保护了作者的劳动成果,又保证了高校《学报》的质量[13～15]。

10.6.5 设立通信作者

由于种种原因,研究生导师与学生一起发表论文,导师通常不会排在第一位,这就减轻了导师的责任。设立通信作者的目的就是明确论文的真正责任人,使真正责任人切实地对论文负起责任。这样既可提示导师对论文负责,也可防止学生背着导师借用导师名发表论文,并避免"一稿多投"的现象[12]。

10.7 以学生为本,办好高校期刊

学生稿件处理的好坏直接影响着高校学报的整体质量。学报作为高等学校的有机组成部分,具有培养和引导作者的职责,在学生教育中发挥着积极的辅助作用[2,17],因此,重视学生稿件的处理,针对学生稿件的特点和存在的诸多问题,积极应对,提出合理的处理办法,不仅有利于提高《学报》的整体质量,使《学报》得到良性发展,而且有利于提高学生的科技论文写作水平,达到辅助培养高素质人才的目的。

对待初次撰写论文的学生,作为编辑要有宽容的心态,热情指导,严格要求。作为导师,应从科研意识、科研方法和科研精神三方面悉心指导、培养研究生[16],并严格把关学生的论文写作质量。只有这样,才能为学校、为国家培养出真正合格的研究型人才,为科研创新、知识创新培养出更多的高素质人才。

参考文献

[1] 马奋华,倪东鸿,王小曼. 发挥高校学报在研究生培养中的作用[C]//朱德

培.学报编辑论丛:第13集.上海:第二军医大学出版社,2005:272-275.

[2] 吴月红.发挥高校学报在研究生教育中的积极作用[C]//朱德培.学报编辑论丛:第13集.上海:第二军医大学出版社,2005:276-278.

[3] 程云虹.初次投稿者心理分析[J].编辑学报,1995,**7**(2):115-118.

[4] 周志新,刘雪立,徐刚珍,等.研究生初次投稿问题分析及编辑对策[J].编辑学报,2005,**17**(2):131-132.

[5] 赵洪艳.学业与学术的冲突——试析硕士研究生来稿中存在的主要问题[J].中山大学学报:社会科学版,2004,**44**(4):118-120.

[6] 张洁,吴晓利.从研究生投稿看学术期刊作者群建设[J].科技与出版,2005(5):38-39.

[7] 中国科学技术信息研究所.2002—2006年版《中国科技期刊引证报告》[R].

[8] 陈浩元.科技书刊标准化18讲[M].北京:北京师范大学出版社,2000.

[9] 倪东鸿,崔鹏程.重视科技论文中参考文献的著录[J].气象教育与科技,1997,**19**(2):28-29.

[10] GB 3101—93,有关量、单位和符号的一般原则[S].

[11] 倪东鸿.大气科学论著中如何规范表达温度等量的符号[J].编辑学报,2002,**14**(5):354-355.

[12] 金虹.研究生的稿件质量分析[C]//朱德培.学报编辑论丛:第13集.上海:第二军医大学出版社,2005:180-183.

[13] 张永生.关于避免"一稿多投""一稿多登"的建议[J].编辑学报,2003,**15**(2):98-99.

[14] 曹兵,蒋伟,佟建国,等.浅谈科技期刊的版权转让合同[J].冶金期刊,2005(4):45-46.

[15] 常文静,王宝茹,杜玉环.科技期刊与论文出版转让合同[J].编辑学报,2004,**16**(5):370-371.

[16] 李寅,堵国成,华兆哲,等.从科研意识、科研方法和科研精神三方面培养研究生[J].中国大学教学,2005(8):23-24.

[17] 邢宝妹.略论高校学报对研究生作者群的培养[J].淮海工学院学报:人文社会科学版,2004,**2**(3):69-71.

11　我国气象期刊的现状及其基本信息

近几年，随着我国气象科学事业的迅速发展，气象科学的研究水平及论文质量、数量都有了很大提高，而论文的载体——气象类专业期刊也在发生着变革。根据 2004 年《中文核心期刊要目总览》(第 4 版)报道，大气科学(气象学)类专业期刊有 38 种[1]。在此基础上，参考 2008 年《中国科技期刊研究》潘魏伟对气象期刊的统计分析，这里补充了 16 种大气科学类专业期刊(包括 5 种英文版期刊)，共计 54 种。其中：公开出版刊物有 38 种(不包括 2007 年改内刊 2 种)；内刊有 16 种(包括 2007 年改内刊 2 种及停刊 3 种)[2]。

11.1　现有气象期刊的创办年代及内刊

由表 11.1 及内刊基本信息(略)可知，在 54 种大气科学类专业期刊中，新中国成立前只有《气象学报》1 种，20 世纪 50—60 年代有 11 种期刊创刊，70—80 年代有 35 种期刊创刊，90 年代至今仅有 8 种期刊创刊。近 10 年，由于公开出版期刊审批管理制度极其严格，所以新创办的期刊极少，仅有《气候变化研究进展》于 2005 年创刊。

内刊共有16种(包括停刊3种),各省市气象局主办的内刊有12种(已停刊的除外),数量较多。截至2007年第1期,全部内刊占全部气象类期刊的25%(不包括停刊3种)。由于内刊发表的论文在多数场合得不到认可,所以高质量稿源的缺乏就成了内刊发展的最大障碍。实际上,有些内刊早在建国初期就已创办了,但由于种种原因,没有在适当的时候申请,以至于现在很难申请到国内统一刊号(即CN号),从而限制了期刊的进一步发展。

11.2 气象期刊的现状及发展趋势

近几年,期刊出版周期缩短,公开出版刊物以双月刊为最多,其次为季刊,内部资料以季刊为主;开本变大,公开出版的期刊、内刊大多为A4开本,16开本的期刊已经很少。以中文核心学术期刊为例:在1991年《大气科学》、1996年《气象学报》改为双月刊后,2002年《高原气象》、《应用气象学报》、《南京气象学院学报》、2004年《热带气象学报》、2005年《气象科学》、2006年《气候与环境研究》相继由季刊改为双月刊;2001年《高原气象》、2002年《气象学报》、2005年《大气科学》、《气候与环境研究》、2006年《南京气象学院学报》、《热带气象学报》、《气象科学》、《应用气象学报》相继由16开改为A4开本。这些变化使得期刊论文刊载量得到大幅度提高,同时缩短了论文发表周期。

在当前科研规模不断扩大、论文产出量激增的情况下,已有的期刊总量远远不能满足大量学术论文快速发表的要求，因此，必然会催生一批适合当前学术研究发展的期刊。继《甘肃气象》于 2003 年 7 月更名为《干旱气象》后，2006 年《辽宁气象》更名为《气象与环境学报》、《江西气象科技》更名为《气象与减灾研究》，2007 年《暴雨・灾害》(以书代刊)更名为《暴雨灾害》(沿用《湖北气象》刊号、卷号、期号，2007 年《湖北气象》改为内刊)、《广西气象》更名为《气象研究与应用》、《河南气象》更名为《气象与环境科学》、《新疆气象》更名为《沙漠与绿洲气象》。

省局期刊更名后会出现以下两种情况：1)更名后期刊更具特色，走有特色报道的学术期刊的发展道路。例如：《暴雨灾害》、《干旱气象》和《沙漠与绿洲气象》，办刊内容特色明显，刊名就透露出刊物报道内容的侧重方面，兼有不同地域气候特点(多雨地区—干旱半干旱地区—沙漠地区)。这些期刊办刊宗旨的改变部分反映了当前气象科学研究的发展方向，也彰显了气象科研的区域特色。2)更名后期刊没有特色，办刊内容基本雷同或相似。例如《气象与环境学报》与《气象与环境科学》，它们的刊名就有雷同之处，且与中文核心期刊《气候与环境研究》的刊名也有雷同之嫌。这不利于期刊进行特色报道，更不利于期刊的发展。上述分析表明，目前气象期刊虽已有较大发展，学术类期刊数量不断增加，但是由于脱胎于计划经济体制，期刊的管理体制复杂、不完善，所以气象期刊总体布局不尽合理、特色刊物较少，存在“布局分散、小而全；内容雷同、低水平简单重复”等不足。为此，在不违反国家有关期刊政策的前提下，应优化现有期刊的布局，充分利用现有期刊资源，避免重复办刊，以适应我国气象事业的发展。

目前，中国气象局下属有一院八所：中国气象科学研究院、北京城市气象研究所、上海台风研究所、广州热带气象研究所、兰州干旱气象研究所、乌鲁木齐沙漠气象研究所、武汉暴雨研究所、成都高原气象研究所、沈阳大气环境研究所，有的研究所至今还没有创办自己的期刊。实际上，没有期刊的科研单位都想创办学术期刊，开拓科研成果的发表平台，展示自己的科研成果。科研上有这种需求，事业发展中也有这种需求。

此外，英文版期刊总数较少，且只有 *Advances in Atmospheric Sciences* 和 *Acta Meteorologica Sinica* 两种期刊被 SCI-E 收录，存在与国际气象界学术交流不足的问题。自主期刊网站建设比较落后，受种种条件所限，大部分期刊还没有建设自主网站，这与网络时代的期刊发展是极其不相称的。多数期刊依赖“中国期刊全文数据库”(http://www.cnki.net.cn)、“万方数据—数字化期刊群”(http://www.wanfangdata.com.cn)以及重庆维普“中文科技期刊全文数据库”(http://www.cqvip.com)传播其论文电子版。

11.3　我国现有的气象类专业期刊基本信息

现将我国现有的气象类专业期刊基本信息统计如下。

表 11.1 38 种公开出版的气象类专业期刊基本信息

序号	期刊名	译名	ISSN 号 CN 号	刊期 开本	主办单位	编辑部所在地	创刊年	备注
1	Acta Meteorologica Sinica	气象学报	ISSN 0894-0525 CN 11-2277/P	季刊 A4	中国气象学会	北京	1987 年	英文版 2005 年前由气象出版社承办
2	Advances in Atmospheric Sciences	大气科学进展	ISSN 0256-1530 CN 11-1925/O4	双月刊 A4	国际气象学和大气科学协会中国国家委员会,中国科学院大气物理研究所	北京	1984 年	英文版
3	Annual Report of CAMS	中国气象科学研究院年报	ISSN 1001-7496 CN 11-3400/P	年刊 A4	中国气象科学研究院	北京	1986 年	英文版
4	Chinese Journal of Atmospheric Sciences	大气科学	ISSN 0891-3862	季刊 A4	中国科学院大气物理研究所	北京	1987 年	英文版 (已停刊)
5	Journal of Tropical Meteorology	热带气象学报	ISSN 1006-8775 CN 44-1409/P	半年刊 A4	中国气象局广州热带海洋气象研究所	广州	1995 年 12 月	英文版
6	暴雨灾害	Torrential Rain and Disasters	ISSN 1004-9045 CN 42-1771/P	季刊 A4	中国气象局武汉暴雨研究所	武汉	1997 年	中文版 曾用名:暴雨·灾害

（续表）

序号	期刊名	译名	ISSN 号 CN 号	刊期 开本	主办单位	编辑部所在地	创刊年	备注
7	大气科学	Chinese Journal of Atmospheric Sciences	ISSN 1006-9895 CN 11-1768/O4	双月刊 A4	中国科学院大气物理研究所	北京	1976 年	中文版 1977 年第 1 卷
8	干旱气象	Arid Meteorology	ISSN 1006-7639 CN 62-1175/P	季刊 A4	中国气象局兰州干旱气象研究所，中国气象学会干旱气象学委员会	兰州	1958 年	中文版 曾用名：甘肃气象（2003 年 7 月更名；1962 年停刊，1982 年复刊）。
9	高原气象	Plateau Meteorology	ISSN 1000-0534 CN 62-1061/P	双月刊 A4	中国科学院寒区旱区环境与工程研究所	兰州	1982 年	中文版
10	广东气象	Guangdong Meteorology	ISSN 1007-6190 CN 44-1353/P	季刊 A4	广东省气象学会	广州	1973 年 1 月	中文版
11	贵州气象	Journal of Guizhou Meteorology	ISSN 1003-6598 CN 52-1060/P	双月刊 A4	贵州省山地环境气候研究所，贵州省气象学会	贵阳	1962 年	中文版
12	航空气象	Aeronautical Meteorology	CN 11-4210/P	双月刊 A4	空军司令部	北京	1953 年	中文版

（续表）

序号	期刊名	译名	ISSN 号 CN 号	刊期 开本	主办单位	编辑部所在地	创刊年	备注
13	黑龙江气象	Heilongjiang Meteorology	ISSN 1002-252X CN 23-1019/P	季刊 A4	黑龙江省气象局，黑龙江省气象学会	哈尔滨	1984 年	中文版
14	吉林气象	Journal of Jilin Meteorology	ISSN 1006-5229 CN 22-1237/P	季刊 A4	吉林省气象局，吉林省气象学会	长春	1994 年	中文版
15	内蒙古气象	Meteorology Journal of Inner Mongolia	ISSN 1005-8656 CN 15-1116/P	双月刊 A4	内蒙古自治区气象局，内蒙古气象学会	呼和浩特	1954 年	中文版
16	南京气象学院学报	Journal of Nanjing Institute of Meteorology	ISSN 1000-2022 CN 32-1164/P	双月刊 A4	南京信息工程大学	南京	1978 年	中文版
17	气候变化研究进展	Advances in Climate Change Research	ISSN 1673-1719 CN 11-5368/P	双月刊 A4	中国气象局国家气候中心	北京	2005 年 5 月	中文版
18	气候与环境研究	Climatic and Environmental Research	ISSN 1006-9585 CN 11-3693/P	双月刊 A4	中国科学院大气物理研究所	北京	1996 年	中文版

（续表）

序号	期刊名	译名	ISSN 号 CN 号	刊期 开本	主办单位	编辑部所在地	创刊年	备注
19	气象	Meteorological Monthly	ISSN 1000-0526 CN 11-2282/P	月刊 16	国家气象中心	北京	1950 年	中文版 曾用名：天气、天气月刊、气象通讯（20 世纪 60 年代中期停刊，1975 年复刊）
20	气象科技	Meteorological Science and Technology	ISSN 1671-6345 CN 11-2374/P	双月刊 A4	中国气象科学研究院，北京市气象局，中国气象局大气探测技术中心，国家卫星气象中心，国家气象信息中心	北京	1973 年	中文版
21	气象科学	Scientia Meteorologica Sinica	ISSN 1009-0827 CN 32-1243/P	双月刊 A4	江苏省气象学会	南京	1980 年	中文版 1981 年第 1 卷
22	气象水文海洋仪器	Meteorological, Hydrological and Marine Instruments	ISSN 1006-009X CN 22-1135/TH	季刊 A4	长春气象仪器研究所，中国仪器仪表学会气象水文海洋仪器分会	长春	1984 年	中文版
23	气象水文装备	Meteorological and Hydrological Equipments	CN 32-1752/P	双月刊 A4	解放军理工大学气象学院	南京	1990 年	中文版 曾用名：气象仪器装备（2005 年更名）

（续表）

序号	期刊名	译名	ISSN 号 CN 号	刊期 开本	主办单位	编辑部所在地	创刊年	备注
24	气象学报	Acta Meteorologica Sinica	ISSN 0577-6619 CN 11-2006/P	双月刊 A4	中国气象学会	北京	1925 年	中文版 曾用名：中国气象学会会刊；因故曾停办多年。
25	气象研究与应用	Journal of Meteorological Research and Application	ISSN 1673-8411 CN 45-1356/P	季刊 A4	广西气象学会	南宁	1956 年 8 月	中文版 曾用名：广西气象（2007 年更名）
26	气象与环境科学	Meteorological and Environmental Sciences	ISSN 1673-7148 CN 41-1386/P	季刊 A4	河南省气象局	郑州	1978 年	中文版 曾用名：河南气象（2007 年更名）
27	气象与环境学报	Journal of Meteorology and Environment	ISSN 1673-503X CN 21-1531/P	双月刊 A4	中国气象局沈阳大气环境研究所，辽宁省环境科学研究院	沈阳	1984 年	中文版 曾用名：辽宁气象（2006 年更名）
28	气象与减灾研究	Meteorology and Disaster Reduction Research	ISSN 1007-9033 CN 36-1290/P	季刊 A4	江西省气象学会	南昌	1978 年	中文版 曾用名：江西气象科技（2006 年更名）

（续表）

序号	期刊名	译名	ISSN 号 CN 号	刊期 开本	主办单位	编辑部所在地	创刊年	备注
29	气象知识	Meteorological Knowledge	ISSN 1000-0321 CN 11-1332/P	双月刊 A4	中国气象学会	北京	1981 年	中文版
30	热带气象学报	Journal of Tropical Meteorology	ISSN 1004-4965 CN 44-1326/P	双月刊 A4	中国气象局广州热带海洋气象研究所	广州	1984 年	中文版 曾用名：热带气象（1993 年更名）
31	沙漠与绿洲气象	Desert and Oasis Meteorology	ISSN 1002-0799 CN 65-1265/P	双月刊 A4	新疆维吾尔自治区气象学会，中国气象局乌鲁木齐沙漠气象研究所	乌鲁木齐	1956 年	中文版 曾用名：新疆气象（2007 年更名；文革期间被迫停刊，1978 年复刊）
32	山东气象	Journal of Shangdong Meteorology	ISSN 1005-0582 CN 37-1224/P	季刊 A4	山东省气象学会，山东省气象科学研究所	济南	1981 年	中文版
33	陕西气象	Journal of Shaanxi Meteorology	ISSN 1006-4354 CN 61-1282/P	双月刊 A4	陕西省气象局，陕西省气象学会	西安	1958 年	中文版
34	四川气象	Journal of Sichuan Meteorology	ISSN 1003-7187 CN 51-1200/P	季刊 A4	四川省气象局，四川省气象学会	成都	1981 年	中文版

（续表）

序号	期刊名	译名	ISSN 号 CN 号	刊期 开本	主办单位	编辑部所在地	创刊年	备注
35	应用气象学报	Journal of Applied Meteorological Science	ISSN 1001-7313 CN 11-2690/P	双月刊 A4	中国气象科学研究院，国家气象中心，国家卫星气象中心，国家气候中心，国家气象信息中心，中国气象局大气探测技术中心	北京	1986 年	中文版 1990 年第 1 卷
36	灾害学	Journal of Catastrophology	ISSN 1000-811X CN 61-1097/P	季刊 A4	陕西省地震局	西安	1986 年	中文版
37	浙江气象	Journal of Zhejiang Meteorology	ISSN 1004-5953 CN 33-1281/P	季刊 16	浙江省气象局，浙江省气象学会	杭州	1979 年	中文版 曾用名：浙江气象科技（2002 年更名）
38	中国农业气象	Chinese Journal of Agrometeorology	ISSN 1000-6362 CN 11-1999/S	季刊 A4	中国农业科学院农业环境与可持续发展研究所	北京	1979 年	中文版

注：1）大多数期刊的基本信息由 2007 年第 1 期得到；2）中国台湾、香港、澳门的期刊未作统计；3）另有《湖北气象》和《山西气象》已于 2007 年改为内部期刊。

附表 1　大气科学类西文期刊刊名的缩写

刊名	缩写刊名	中文译名(出版国)
A		
Acta Meteorologic Sinica	Acta Meteor. Sinica	气象学报(中国)
Advances in Atmospheric Sciences[1)]	Adv. Atmos. Sci.	大气科学进展(中国)
Advances in Space Research[1)]	Adv. Space Res.	空间研究进展(英国)
Agricultural and Forest Meteorology[1)]	Agric. For. Meteorol.	农业与林业气象学(荷兰)
American Scientist[2)]	Amer. Sci.	美国科学家(美国)
Annalen der Meteorologie	Ann. Meteor.	气象学纪事(德国)
Annales de Geophysique	Ann. Geophys.	地球物理学纪事(法国)
Annales de Physique[2)]	Ann. Phys.	物理学纪事(法国)
Annales Geophysicae[1)]	Ann. Geophys.	地球物理学纪事(德国)
Annals of Geophysics[2)]	Annals Geophys.	地球物理学纪事(意大利)
Applied Optics[2)]	Appl. Opt.	应用光学(美国)
Archiv für Meteorologie, Geophysik und Bioklimatologie	Arch. Meteor. Geophys. Bioklimatol.	气象学、地球物理学和生物气候学文献(德国)
Atmosfera[1)]	Atmosfera	大气(墨西哥)
Atmósphera	Atmósphera	大气(德国)
Atmosphere-Ocean[1)3)]	Atmos. -Ocean	大气-海洋(加拿大)
Atmospheric Chemistry and Physics[1)]	Atmos. Chem. Phys.	大气化学和大气物理学(德国)
Atmospheric Environment[1)]	Atmos. Environ.	大气环境(英国)

（续表）

刊名	缩写刊名	中文译名(出版国)
Atmospheric Research[1)3)]	Atmos. Res.	大气研究(荷兰)
Australian Journal of Agricultural Research[2)]	Aust. J. Agric. Res.	澳大利亚农业研究杂志(澳大利亚)
Australian Meteorological Magazine[1)3)]	Aust. Meteor. Mag.	澳大利亚气象杂志(澳大利亚)
B		
Beitraege zur Physik der Atmosphaere	Beitr. Phys. Atmos.	大气物理学论文集(德国)
Boundary-Layer Meteorology[1)3)]	Bound.-Layer Meteor.	边界层气象学(荷兰)
Bulletin of the American Meteorological Society[1)3)]	Bull. Amer. Meteor. Soc.	美国气象学会通报(美国)
C		
Chemosphere[2)3)]	Chemosphere	臭氧层(英国)
Chinese Science Bulletin[2)]	Chin. Sci. Bull.	科学通报(中国)
Climate Dynamics[1)3)]	Climate Dyn.	气候动力学(德国)
Climate Research[1)]	Climate Res.	气候研究(德国)
Climatic Change[1)3)]	Climatic Change	气候变化(荷兰)
Climatological Bulletin	Climatol. Bull.	气候学通报(加拿大)
Communications on Pure and Applied Mathematics[2)]	Commun. Pure Appl. Math.	纯数学与应用数学通讯(美国)
Continental Shelf Research[2)]	Cont. Shelf Res.	大陆架研究(英国)
Contributions to Atmospheric Physics	Contrib. Atmos. Phys.	大气物理学研究文集(德国)
D		
Deep-Sea Research[2)]	Deep-Sea Res.	深海研究(英国)
Deutsche Hydrographische Zeitschrift	Dtsch. Hydrogr. Z.	德国水文地理学杂志(德国)

（续表）

刊名	缩写刊名	中文译名（出版国）
Dynamics of Atmospheres and Oceans[1)3)]	Dyn. Atmos. Oceans	大气和海洋动力学（荷兰）
E		
Earth Interactions	Earth Interact.	地球相互作用（美国）
Environmental Fluid Mechanics[2)]	Environ. Fluid Mech.	环境流体力学（荷兰）
Environmental Research[2)]	Environ. Res.	环境研究（美国）
Environmental Science and Technology[2)]	Environ. Sci. Technol.	环境科学与技术（荷兰）
Eos，Transactions，American Geophysical Union（EOS）	Eos，Trans. Amer. Geophys. Union	美国地球物理学联合会会刊 EOS（美国）
Estuarine and Coastal Marine Science	Estuarine Coastal Mar. Sci.	河口、海岸海洋科学（英国）
G		
Geofisica Intemafionale	Geofis. Int.	国际地球物理学（墨西哥）
Geofysiske Publikasjoner	Geofys. Publ.	地球物理学刊（挪威）
Geologiya i Geofizika	Geol. Geofiz.	地质学和地球物理学（俄罗斯）
Geophysical and Astrophysical Fluid Dynamics[2)]	Geophys. Astrophys. Fluid Dyn.	地球物理和天体物理流体动力学（英国）
Geophysical Fluid Dynamics	Geophys. Fluid Dyn.	地球物理流体动力学（美国）

（续表）

刊名	缩写刊名	中文译名（出版国）
Geophysical Journal International[2)]	Geophys. J. Int.	国际地球物理杂志（英国）
Geophysical Magazine	Geophys. Mag.	地球物理杂志（日本）
Geophysical Research Letters[2)]	Geophys. Res. Lett.	地球物理学研究快报（美国）
Geophysics[2)]	Geophysics	地球物理学（美国）
Global Biogeochemical Cycles[1)]	Glob. Biogeochem. Cyc.	全球生物地球化学循环（美国）
I		
IEEE Transactions on Geoscience and Remote Sensing[2)]	IEEE Trans. Geosci. Remote Sens.	IEEE 地学与遥感汇刊（美国）
IEEE Transactions on Antennas and Propagation[2)]	IEEE Trans. Antennas Propag.	IEEE 天线与传播汇刊（美国）
Infrared Physics	Infrared Phys.	红外物理学（英国）
International Journal of Air and Water Pollution	Int. J. Air Water Pollut.	国际空气和水污染杂志（英国）
International Journal of Biometeorology[1)]	Int. J. Biometeor.	国际生物气象学杂志（德国）
International Journal of Climatology[1)3)]	Int. J. Climatol.	国际气候学杂志（英国）
International Journal of Remote Sensing[2)]	Int. J. Remote Sens.	国际遥感杂志（英国）
Izvestiya, Atmospheric and Oceanic Physics[1)]	Izv. Atmos. Oceanic Phys.	大气物理学与海洋物理学（俄罗斯）
J		
Journal of Aerosol Science[1)]	J. Aerosol Sci.	气溶胶科学杂志（英国）
Journal of Applied Geophysics[2)]	J. Appl. Geophys.	应用地球物理杂志（荷兰）

（续表）

刊名	缩写刊名	中文译名（出版国）
Journal of Applied Meteorology and Climatology[1)3)]	J. Appl. Meteor. Climatol.	应用气象学和气候学杂志（美国）
Journal of Applied Physics[2)]	J. Appl. Phys.	应用物理学杂志（美国）
Journal of Atmospheric and Oceanic Technology[1)3)]	J. Atmos. Oceanic Technol.	大气与海洋技术杂志（美国）
Journal of Atmospheric Chemistry[1)3)]	J. Atmos. Chem.	大气化学杂志（荷兰）
Journal of Atmospheric and Solar-Terrestrial Physics[1)]	J. Atmos. Sol. -Terr. Phys.	大气物理学与太阳-地球物理学杂志（英国）
Journal of Climate[1)3)]	J. Climate	气候杂志（美国）
Journal of Climate and Applied Meteorology	J. Climate Appl. Meteor.	气候学与应用气象学杂志（美国）
Journal of Climatology	J. Climatol.	气候学杂志（英国）
Journal of Computational Physics[2)]	J. Comput. Phys.	计算物理学杂志（美国）
Journal of Fluid Mechanics[2)]	J. Fluid Mech.	流体力学杂志（英国）
Journal of Geophysical Research[2)] (. Atmospheres[3)])	J. Geophys. Res.	地球物理研究杂志（美国）
Journal of Glaciology[2)]	J. Glaciol.	冰川学杂志（英国）
Journal of Hydrology[2)]	J. Hydrol.	水文学杂志（荷兰）
Journal of Hydrometeorology[1)]	J. Hydrometeorol.	水文气象学杂志（美国）
Journal of Marine Research[2)]	J. Mar. Res.	海洋研究杂志（美国）

（续表）

刊名	缩写刊名	中文译名(出版国)
Journal of Marine Systems[2)]	J. Mar. Syst.	海洋系统杂志(荷兰)
Journal of Meteorological Research, Japan	J. Meteor. Res. Japan	日本气象研究杂志(日本)
Journal of Meteorology	J. Meteor.	气象学杂志(英国)
Journal of Physical Chemistry[2)]	J. Phys. Chem.	物理化学杂志(美国)
Journal of Physical Oceanography[2)]	J. Phys. Oceanogr.	物理海洋学杂志(美国)
Journal de Recherches Atmospheriques	J. Rech. Atmos.	大气科学研究杂志(法国)
Journal of Scientific Instruments	J. Sci. Instrum.	科学设备杂志(英国)
Journal of the Acoustical Society of American[2)]	J. Acoust. Soc. Amer.	美国声学会杂志(美国)
Journal of the Aeronautical Sciences	J. Aeronaut. Sci.	航空科学杂志(美国)
Journal of the Air & Waste Management Association[1)]	J. Air Waste Man. Assoc.	空气与废物管理协会杂志(美国)
Journal of the Atmospheric Sciences[1)3)]	J. Atmos. Sci.	大气科学杂志(美国)
Journal of the Marine Technology Society	J. Mar. Technol. Soc.	海洋技术学会杂志(美国)
Journal of the Meteorological Society of Japan[1)3)]	J. Meteor. Soc. Japan	日本气象学会杂志(日本)
Journal of the Oceanographical Society of Japan	J. Oceanogr. Soc. Japan	日本海洋学会杂志(日本)

（续表）

刊名	缩写刊名	中文译名（出版国）
M		
Mariners Weather Log	Mar. Wea. Log	航海天气日志（美国）
“Meteor” Forschungsergebnisse	“Meteor” Forschungsergeb.	“气象”研究成果系列（德国）
Meteorological Applications[1)3)]	Meteor. Appl.	气象应用（英国）
Meteorological Magazine	Meteor. Mag.	气象杂志（英国）
Meteorological Monographs	Meteor. Monogr.	气象学专论（美国）
Meteorologische Rundschau	Meteor. Rundsch.	气象学通观（德国）
Meteorologische Zeitschrift[1)]	Meteor. Z.	气象学杂志（德国）
Meteorologiya i Gidrologiya	Meteor. Gidrol.	气象学和水文学（俄罗斯）
Meteorology and Atmospheric Physics[1)3)]	Meteor. Atmos. Phys.	气象学与大气物理学（奥地利）
Monthly Weather Review[1)3)]	Mon. Wea. Rev.	每月天气评论（美国）
N		
National Weather Digest	Nati. Wea. Dig.	全国天气文摘（美国）
Natural Hazards[1)]	Nat. Hazards	自然灾害（荷兰）
Nature[2)]	Nature	自然（英国）
New Zealand Journal of Marine and Freshwater Research[2)]	N. Z. J. Mar. Freshwater Res.	新西兰海洋与淡水研究杂志（新西兰）
Nuovo Cimento[2)]	Nuovo Cimento	新试验（意大利）
O		
Ocean Modelling[2)]	Ocean Model.	海洋模型实验（美国）

（续表）

刊名	缩写刊名	中文译名(出版国)
P		
Papers in Meteorology and Geophysics	Pap. Meteor. Geophys.	气象学和地球物理学论文集(日本)
Papers in Physical Oceanography and Meteorology	Pap. Phys. Oceanogr. Meteor.	物理海洋学和气象学论文集(英国)
Philosophical Transactions of the Royal Society of London[2]	Philos. Trans. Roy. Soc. London	伦敦皇家学会哲学会刊(英国)
Physical Geography[1]	Phys. Geogr.	自然地理学(美国)
Physical Review[2]	Phys. Rev.	物理学评论(美国)
Physical and Chemistry of the Earth[1]	Phys. Chem. Earth	地球物理和地球化学(英国)
Physikalische Zeitschrift	Phys. Z.	物理学杂志(德国)
Polar Research[2]	Polar Res.	极地研究(挪威)
Proceedings of the Royal Society of London	Proc. Roy. Soc. London	伦敦皇家学会会报(英国)
Pure and Applied Geophysics[2]	Pure Appl. Geophy.	理论和应用地球物理学(瑞士)
Q		
Quarterly Journal of the Royal Meteorological Society[1][3]	Quart. J. Roy. Meteor. Soc.	皇家气象学会季刊(英国)
R		
Radio Science[1]	Radio Sci.	无线电科学(美国)
Remote Sensing of the Environment[2]	Remote Sens. Environ.	环境遥感(美国)
Review of Scientific Instruments[2]	Rev. Sci. Instrum.	科学仪器评论(美国)
Reviews of Geophysics[2]	Rev. Geophys.	地球物理学评论(美国)

（续表）

刊名	缩写刊名	中文译名(出版国)
Reviews of Geophysics and Space Physics	Rev. Geophys. Space Phys.	地球物理学和空间物理学评论(美国)
Revista de Geofisica	Rev. Geofis.	地球物理杂志(西班牙)
Revista Meteorologica	Rev. Meteor.	气象杂志(西班牙)
S		
Science[2)]	Science	科学(美国)
Science in China Series D: Earth Sciences[2)]	Sci. Chin. Ser. D: Earth Sci.	中国科学 D 辑:地球科学(中国)
Scientific American[2)]	Sci. Amer.	科学美国人(美国)
Space Science Review[2)]	Space Sci. Rev.	空间科学评论(荷兰)
Studies in Applied Mathematics[2)]	Stud. Appl. Math.	应用数学研究(美国)
T		
TAO[1)] = Terrestrial, Atmospheric and Oceanic Sciences	TAO	地球科学集刊(中国台湾省)
Tellus. Series A, Dynamic Meteorology and Oceanography[1)3)]	Tellus. Ser. A, Dyn. Meteor. Oceanogr.	地球. A 辑,动力气象学与海洋学(丹麦)
Tellus. Series B, Chemical and Physical Meteorology[1)3)]	Tellus. Ser. B, Chem. Phys. Meteor.	地球. B 辑,化学气象学与物理气象学(丹麦)
The Holocene[2)]	Holocene	全新世(英国)
Theoretical and Applied Climatology[1)3)]	Theor. Appl. Climatol.	理论和应用气候学(奥地利)

（续表）

刊名	缩写刊名	中文译名（出版国）
Trudy Geofizicheskogo Instituta, Akademiya Nauk SSSR	Tr. Geofiz. Inst., Akad. Nauk SSSR	苏联科学院地球物理研究所会刊（俄罗斯）
Trudy Glavnoi Geofizicheskoi Observatorii	Tr. Gl. Geofiz. Obs.	重要地球物理观象台会刊（俄罗斯）
W		
Water, Air, and Soil Pollution[1]	Water Air Soil Pollut.	水、空气与土壤污染（荷兰）
Water Resources Research[2]	Water Resour. Res.	水资源研究（美国）
Weather	Weather	天气（英国）
Weather and Forecasting[1][3]	Wea. Forecasting	天气和预报（美国）
Weatherwise	Weatherwise	天气通（美国）
World Meteorological Organization Bulletin	WMO Bull.	世界气象组织通报（世界气象组织，瑞士）
Z		
Zeitschrift ftir Meteorologie	Z. Meteor.	气象学杂志（德国）

注：1）被 SCI 收录的气象学和大气科学类西文期刊，共 45 种；2）被 SCI 收录的其他学科类期刊；3）大气科学（气象学）类核心期刊，共 25 种.

附表 2　十类常见文后参考文献的著录格式及示例

<table>
<tr><th>文献类型</th><th colspan="9">著录格式及示例(依据 GB/T 7714-2005 文后参考文献著录规则)</th></tr>
<tr><td rowspan="3">期刊论文
(著录 9 项)</td><td>①</td><td>②</td><td>③</td><td>④</td><td>⑤</td><td>⑥</td><td>⑦</td><td>⑧</td><td>⑨</td></tr>
<tr><td>[序号]</td><td>作者</td><td>.题名
[J/OL]</td><td>.刊名:其他
刊名信息</td><td>,出版
年份</td><td>,卷号</td><td>(期号)</td><td>:引文页码</td><td>[引用日期].
获取和访问路径.</td></tr>
<tr><td colspan="9">[1] 张旭,张通和,易仲珍,等.采用磁过滤 MEVVA 源制备 DLC 膜的研究[J].北京师范大学学报:自然科学版,2002,38(4):478-481.
[2] Kanamori H. Shaking without quaking[J]. Science,1998,279(5359):2063-2064.
[3] Christine M. Plant physiology: plant biology in the Genome Era[J/OL]. Science,1998,281:331-332[1998-09-23]. http://www. sciencemag. org/cgi/collection/anatmorp.　[J/OL]为联机文献
[4] 莫少强.数字式中全文文献格式的设计与研究[J/OL].情报学报,1999,18(4):1-6[2001-07-08]. http://periodical. wanfang-data. com. cn/periodical/qbxb99/qxxb9904/990407. htm.　[J/OL]为联机文献</td></tr>
<tr><td rowspan="3">报纸
(著录 6 项)</td><td>①</td><td>②</td><td>③</td><td>④</td><td>⑤</td><td colspan="4">⑥</td></tr>
<tr><td>[序号]</td><td>作者</td><td>.题名[N/OL]</td><td>.报纸名</td><td>,年-月-日(版)</td><td colspan="4">[引用日期]
获取和访问路径</td></tr>
<tr><td colspan="9">[1] 丁文祥.数字革命与竞争国际化[N].中国青年报,2000-11-20(15).
[2] 傅刚.大风沙过后的思考[N/OL].北京青年报,2000-04-12(14)[2002-03-06]. http://www. bjyouth. . com. cn/Bqb/20000412/GB/4216%5ED0412B1401. htm.　[N/OL]为联机文献</td></tr>
</table>

（续表）

文献类型	著录格式及示例(依据 GB/T 7714-2005 文后参考文献著录规则)									
图书（著录 10 项）	①	②	③	④	⑤	⑥	⑦	⑧	⑨	⑩
	[序号]	作者	.书名:其他书名信息[M/OL]	.翻译者，译	.版次（首版免注）	.出版地	:出版者	,出版年	:引文页码	[引用日期].获取和访问路径.
	[1] 霍斯尼 R K.谷物科学与工艺学原理[M].李庆龙,译.2 版.北京:中国食品出版社,1989:15-20.									
	[2] Peebles P Z,Jr. Probability,random variable,and random signal principles[M]. 4th ed. New York:McGraw Hill,2001.									
	[3] Turcotte D L. Fractals and chaos in geology and geophysics[M/OL]. New York:Cambridge University Press,1992[1998-09-23]. http://www.seg.org/reviews/mccorm30.html. [M/OL]为联机文献									
	[4]赵耀东.新时代的工业工程师[M/OL].台北:天下文化出版社,1998[1998-09-26]. http://www.ie.nthu.edu.tw/info/ie.newie.htm(Big5). [M/OL]为联机文献									
论文集（著录 8 项）	①	②	③	④	⑤	⑥	⑦	⑧		
	[序号]	作者	.论文集名:其他论文集名信息[C/OL]	.出版地	:出版者	,出版年	:引文页码	[引用日期].获取和访问路径.		
	[1] 辛希孟.信息技术与信息服务国际研讨会论文集:A 集[C].北京:中国社会科学出版社,1994.									
	[2]Yufin S A. Geoecology and computers:proceedings of the Third International Conference on Advances of Computer Methods in Geotechnical and Geoenviromental Engineering,Moscow,Russia,February 1-4,2000[C]. Rotterdam:A. A. Balkema,2000.									

（续表）

文献类型	著录格式及示例（依据 GB/T 7714—2005 文后参考文献著录规则）									
论文集或图书中的论文（著录 10 项）	①	②	③	④	⑤	⑥	⑦	⑧	⑨	⑩
	[序号]	作者	.论文题名[C/OL]或论文题名[M/OL]	//主编.	论文集名：其他论文集名信息或书名：其他书名信息	.出版地	：出版者	，出版年	：析出文献页码	[引用日期]. 获取和访问路径.
	[1] 钟文发. 非线性规划在可燃毒物配置中的应用[C]//赵玮. 运筹学的理论与应用：中国运筹学会第五届大会论文集. 西安：西安电子科技大学出版社，1996：468-471.									
	[2] Weinstein L, Swertz M N. Pathogenic properties of invading microorganism[M]//Sodeman W A, Jr, Sodeman W A. Pathologic physiology: mechanisms of disease. Philadephia: Saunders, 1974: 745-772.									
	[3]Metcalf S W. The Tort Hall air emission study[C/OL]//The International Congress on Hazardous Waste, Atlanta Marriott Marquis Hotel, Atlanta, Georgia, June 5-8, 1995: impact on human and ecological health. [1998-09-22]. http://atsdrl. atsdr. cdc. gov:8080/cong95. html. [C/OL]为联机文献									
学位论文（著录 8 项）	①	②	③	④	⑤	⑥	⑦	⑧		
	[序号]	作者	.题名[D/OL]	.保存地或出版地	：保存单位或出版者	，出版年	：引文页码	[引用日期]. 获取和访问路径.		
	[1] 孙玉文. 汉语变调构词研究[D]. 北京：北京大学出版社，2000.									
	[2] 牛生杰. 沙尘气溶胶微结构及其对降水影响的观测和数值模拟研究[D/OL]. 南京：南京气象学院大气科学系，2004[2006-10-13]. http://ckrd187. cnki. net/grid20/detail. aspx? QueryID=11&CurRec=3. [D/OL]为联机文献									

（续表）

文献类型	著录格式及示例（依据 GB/T 7714—2005 文后参考文献著录规则）									
专利文献（著录6项）	①	②	③	④	⑤	⑥				
	[序号]	专利申请者或所有者	.专利题名：专利国别	,专利号[P/OL]	.公告日期或公开日期	[引用日期]获取和访问路径.				
	[1] 姜锡洲.一种温热外敷药制备方案：中国,88105607.3[P].1989-07-26.									
	[2]西安电子科技大学.光折变自适应光外差探测方法：中国,01128777.2[P/OL].2002-03-06[2002-05-28].http://211.152.9.47/sipoasp/zljs/hyjs-yx-new.asp? recid=01128777.2&leixin=0.									
标准（著录10项）	①	②	③	④	⑤	⑥	⑦	⑧	⑨	⑩
	[序号]	起草责任者	.标准代号	标准顺序号—发布年	标准名称[S/OL]	.出版地	:出版者	,出版年	:引文页码	[引用日期].获取和访问路径.
	[1] 全国文献工作标准化技术委员会第七分委员会.GB/T 5795—1986 中国标准书号[S].北京：中国标准出版社,1986.									
	[2] 中华人民共和国国家质量监督检验检疫总局,中国国家标准化管理委员会.GB/T 7714—2005 文后参考文献著录规则[S/OL].北京：中国标准出版社,2005[2006-10-14].http://www.scinote.com/supportcn/cgi-bin/topic_show.cgi? id=903&h=1&bpg=1&age=−1.　[S/OL]为联机文献									
科技报告（著录8项）	①	②	③	④	⑤	⑥	⑦	⑧		
	[序号]	主要责任者	.报告名：其他报告名信息[R/OL]	.出版地	:出版者	,出版年	:引文页码	[引用日期].获取和访问路径.		
	[1]World Health Organization. Fractors regulating the immune response: report of WHO Scientific Group[R]. Geneva: WHO, 1970.									
	[2]U. S. Department of Transportation Federal Highway Administration. Guidelines for handling excavated acid-producing materials, PB 91-194001[R]. Springfield: U. S. Department of Commerce National Information Service, 1990.									

(续表)

文献类型	著录格式及示例(依据 GB/T 7714—2005 文后参考文献著录规则)						
	①	②	③	④	⑤	⑥	⑦
电子公告(著录 7 项)	[序号]	主要责任者	.题名:其他题名信息[EB/OL]	.出版地	:出版者	,出版年(更新或修改日期)	[引用日期].获取和访问路径.
	[1]萧钰. 出版业信息化迈入快车道[EB/OL]. (2001-12-19)[2002-04-15]. http://www. creader. com/news/20011219/200112190019. html. [2]PACS-L:the public-access computer systems forum[EB/OL]. Houston, Tex:University of Houston Libraries, 1989[1995-05-17]. http://info. lib. uh. edu/pacsl. html.						

注:1)[J/OL]、[N/OL]、[M/OL]、[C/OL]、[D/OL]、[P/OL]、[S/OL]以及[R/OL]适用于相应的电子文献。

附表 3　常用的编审校符号

编号	符号意义	符号	编号	符号意义	符号
1	改正		13	对调	
2	删除				
3	改正上下角标		14	另起行	
4	排上角	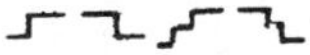 (右)(左)(右)(左)	15	接排	
	排下角	 (右)(左)(右)(左)	16	转移	
5	加大空距	∨(左右间)	17	排正体	=(划在外文字母下方)
		>(上下间)	18	排斜体	—(划在外文字母下方)
6	减小空距	∧(左右间)	19	排黑正体	～(划在外文字母下方)
		<(上下间)	20	排黑斜体	≈(划在外文字母下方)
7	空一字距	#			
	空半字距	‡			
8	分开	Y(外文间)			
9	保留	△			
10	代替	○(下同)			
11	左右移				

12	上下移				

附表4　中国图书馆图书分类法

基 本 大 类

A 马克思主义、列宁主义、毛泽东思想、邓小平理论
B 哲学、宗教
C 社会科学总论
D 政治、法律
E 军事
F 经济
G 文化、科学、教育、体育
H 语言、文字
I 文学
J 艺术
K 历史、地理
N 自然科学总论
O 数理科学和化学
P 天文学、地球科学
Q 生物科学
R 医药、卫生
S 农业科学
T 工业技术
U 交通运输
V 航空、航天
X 环境科学、安全科学
Z 综合性图书

T 工业技术

TB 一般工业技术
TD 矿业工程
TE 石油、天然气工业
TF 冶金工业
TG 金属学、金属工艺
TH 机械、仪表工艺
TJ 武器工业
TK 能源与动力工程
TL 原子能技术
TM 电工技术
TN 无线电电子学、电信技术
TP 自动化技术、计算技术
TQ 化学工业
TS 轻工业、手工业
TU 建筑科学
TV 水利工程

附表 5 美国各州的名称和首府

序号	州名		英文缩写	首府	
	中文	英文		中文	英文
1	阿拉巴马	Alabama	AL	蒙哥马利	Montgomery
2	阿拉斯加	Alaska	AK	朱诺	Juneau
3	亚利桑那	Arizona	AZ	菲尼克斯	Phoenix
4	阿肯色	Arkansas	AR	小石城	Little Rock
5	加利福尼亚	California	CA	萨克拉门托	Sacramento
6	科罗拉多	Colorado	CO	丹佛	Denver
7	康涅狄格	Connecticut	CT	哈特福德	Harford
8	特拉华	Delaware	DE	多佛	Dover
9	佛罗里达	Florida	FL	塔拉哈西	Tallahassee
10	佐治亚	Georgia	GA	亚特兰大	Atlanta
11	夏威夷	Hawaii	HI	火奴鲁鲁（檀香山）	Honolulu
12	爱达荷	Idaho	ID	博伊西	Boise
13	伊利诺伊	Illinois	IL	斯普林菲尔德	Springfield
14	印第安纳	Indiana	IN	印第安纳波利斯	Indianapolis
15	艾奥瓦	Iowa	IA	得梅因	Des Moines
16	堪萨斯	Kansas	KS	托皮卡	Topeka
17	肯塔基	Kentucky	KY	法兰克福	Frankfort
18	路易斯安那	Louisiana	LA	巴吞鲁日	Baton Rouge
19	缅因	Maine	ME	奥古斯塔	Augusta
20	马里兰	Maryland	MD	安纳波利斯	Annapolis
21	马萨诸塞	Massachusetts	MA	波士顿	Boston
22	密歇根	Michigan	MI	兰辛	Lansing
23	明尼苏达	Minnesota	MN	圣保罗	St. Paul
24	密西西比	Mississippi	MS	杰克逊	Jackson
25	密苏里	Missouri	MO	杰斐逊城	Jefferson City
26	蒙大拿	Montana	MT	海伦娜	Helena
27	内布拉斯加	Nebraska	NE	林肯	Lincoln

（续表）

序号	州名		英文缩写	首府	
	中文	英文		中文	英文
28	内华达	Nevada	NV	卡森城	Carson City
29	新罕布什尔	New Hampshire	NH	康科德	Concord
30	新泽西	New Jersey	NJ	特伦顿	Trenton
31	新墨西哥	New Mexico	NM	圣菲	Santa Fe
32	纽约	New York	NY	奥尔巴尼	Albany
33	北卡罗来纳	North Carolina	NC	罗利	Raleigh
34	北达科他	North Dakota	ND	俾斯麦	Bismarck
35	俄亥俄	Ohio	OH	哥伦布	Columbus
36	俄克拉何马	Oklahoma	OK	俄克拉何马城	Oklahoma City
37	俄勒冈	Oregon	OR	塞勒姆	Salem
38	宾夕法尼亚	Pennsylvania	PA	哈里斯堡	Harrisburg
39	罗得岛	Rhode Island	RI	普罗维登斯	Providence
40	南卡罗来纳	South Carolina	SC	哥伦比亚	Columbia
41	南达科他	South Dakota	SD	皮尔	Pierre
42	田纳西	Tennessee	TN	纳什维尔	Nashville
43	得克萨斯	Texas	TX	奥斯汀	Austin
44	犹他	Utah	UT	盐湖城	Salt Lake City
45	佛蒙特	Vermont	VT	蒙彼利埃	Montpelier
46	弗吉尼亚	Virginia	VA	里士满	Richmond
47	华盛顿	Washington	WA	奥林匹亚	Olympia
48	西弗吉尼亚	West Virginia	WV	查尔斯顿	Charleston
49	威斯康星	Wisconsin	WI	麦迪逊	Madison
50	怀俄明	Wyoming	WY	夏延	Cheyenne

附表 6　与大气科学有关的特殊拼法中国地名英文译法*

阿尔泰山〔新〕*	Altay Mountains
阿克苏市〔新〕	Aksu City
阿拉善盟〔蒙〕	Alxa League
阿勒泰地区〔新〕	Altay Prefecture
艾比湖〔新〕	Ebinur Lake
艾丁湖〔新〕	Aydingkol Lake
安多〔藏〕	Amdo
巴丹吉林沙漠〔蒙〕	Badain Jaran Desert
巴颜喀拉山〔青〕	Bayan Har Mountains
巴音布鲁克〔新〕	Bayanbulak
巴音郭勒〔蒙〕	Bayan Gol
班戈〔藏〕	Baingoin
博斯腾湖〔新〕	Bosten Lake
布尔津河〔新〕	Burqin River
茶卡盐湖〔青〕	Caka Salt Lake
察尔汗盐湖〔青〕	Qarhan Salt Lake
察哈尔右翼后旗〔蒙〕	Qahar Right Wing Rear Banner
柴达木盆地〔青〕	Qaidam Basin
长江	Changjiang River (或 Yangtze River)
昌都地区〔藏〕	Qamdo Prefecture
大兴安岭〔蒙,黑〕	Da Hinggan Mountains
当雄〔藏〕	Damxung
定日〔藏〕	Tingri
东海	East China Sea (或 Donghai Sea)
二连浩特〔蒙〕	Erenhot
额济纳旗〔蒙〕	Ejin Banner
额尔齐斯河〔新〕	Ertix River
鄂伦春自治旗	Oroqen Autonomous Banner
改则〔藏〕	Gêrzê
甘孜〔川〕	Garzê
格尔木〔青〕	Golmud
哈尔滨〔黑〕	Harbin
海拉尔〔蒙〕	Hailar
和田〔新〕	Hotan
红其拉甫〔新〕	Kunjirap
呼和浩特〔蒙〕	Hohhot
呼伦贝尔盟〔蒙〕	Hulun Buir League
黄海	Huanghai Sea (或 Yellow Sea)
黄河	Huanghe River(或 Yellow River)
江孜〔藏〕	Gyangzê
喀喇昆仑山〔新〕	Karakorum

* 引自周诗健等著.《英汉汉英大气科学词汇》. 气象出版社,2007.

	Mountains
可可西里山〔青,藏〕	Hoh Xil Range
克拉玛依市〔新〕	Karamay City
科尔沁左翼中旗〔蒙〕	Horqin Left Wing Middle Banner
库车〔新〕	Kuqa
库尔勒〔新〕	Kolra
拉萨〔藏〕	Lhasa
林芝〔藏〕	Nyingchi
罗布泊〔新〕	Lop Lake
马尔康县〔川〕	Barkam County
玛多〔青〕	Madoi
玛纳斯河〔新〕	Manas River
毛乌素沙地〔蒙〕	Mau Us Desert
墨脱〔藏〕	Mêdog
墨竹工卡〔藏〕	Maizhokunggar
那曲〔藏〕	Nagqu
南海	South China Sea (或 Nanhai Sea)
南海诸岛	South China Sea Islands
念青唐古拉山〔藏〕	Nyainqêntanglha Range
诺木洪〔青〕	Nomhon
青藏高原	Qinghai-Xizang Plateau (或 Qinghai-Tibetan Plateau 或 Tibetan Plateau)
日喀则〔藏〕	Xigazê
赛里木湖〔新〕	Sayram Lake
山西省	Shanxi Province
陕西省	Shaanxi Province
塔克拉玛干沙漠〔新〕	Taklimakan Desert
塔里木河〔新〕	Tarim River
塔里木盆地〔新〕	Tarim Basin
腾格里沙漠〔蒙〕	Tengger Desert
吐鲁番盆地〔新〕	Turpan Depression
土门〔藏〕	Tumain
翁牛特旗〔蒙〕	Ongniud Banner
乌兰察布盟〔蒙〕	Ulanqab League
乌兰浩特〔蒙〕	Ulanhot
乌鲁木齐〔新〕	Urümqi
希夏邦马峰〔藏〕	Mount Xixabangma
喜马拉雅山〔藏〕	Himalayas
锡林郭勒盟〔蒙〕	Xilin Gol League
锡林浩特〔蒙〕	Xilinhot
小兴安岭〔黑〕	Xiao Hinggan Mountains
雅鲁藏布江〔藏〕	Yarlung Zangbo River
叶尔羌河〔新〕	Yarkant River
伊犁河〔新〕	Ili River
玉门〔藏〕	Yumai
则克台〔新〕	Zekti
泽当〔藏〕	Zêtang
哲里木盟〔蒙〕	Jirem League
珠穆朗玛峰〔藏〕	Mount Qomolangma (或 Mt. Qomolangma)
准噶尔盆地〔新〕	Junggar Basin

---

* 新为新疆,蒙为内蒙古,藏为西藏,余类推;表示此地名的所在区域